把脉经济与金融（2018）

主编 苏 剑 任 莉

北京

图书在版编目（CIP）数据

把脉经济与金融：2018 / 苏剑，任莉主编.
—北京：中国经济出版社，2018. 8
ISBN 978-7-5136-5138-7

Ⅰ. ①把…　Ⅱ. ①苏…　②任…　Ⅲ. ①中国经济—宏观经济分析—文集　②金融市场—中国—文集　Ⅳ. ①F123. 16-53　②F832. 5-53

中国版本图书馆 CIP 数据核字（2018）第 057339 号

责任编辑　邓媛媛
责任印制　巢新强
封面设计　华子图文

出版发行　中国经济出版社
印 刷 者　北京建宏印刷有限公司
经 销 者　各地新华书店
开　　本　710mm×1000mm　1/16
印　　张　11. 25
字　　数　170 千字
版　　次　2018 年 8 月第 1 版
印　　次　2018 年 8 月第 1 次
定　　价　49. 00 元
广告经营许可证　京西工商广字第 8179 号

中国经济出版社　**网址** www. economyph. com　**社址** 北京市西城区百万庄北街 3 号　**邮编** 100037

目　录

汇　率

2018 年资产配置展望

2018 年宏观经济形势展望

绪　言

2017 年，北京大学经济研究所和东方证券资产管理有限公司共同举办了四场“东方红·宏观经济与金融市场沙龙”。本沙龙的目的是希望通过加强学界和业界的交流，促进对中国经济的理解，从而为国家政策、企业经营、机构和个人投资理财等提供决策支持。本沙龙讨论的问题是中国经济的热点问题，参与者都是学界、业界和各类智库的一线研究人员和从业人员。因此，每次沙龙都是在当时的情况下对中国经济和金融市场把脉。本书是这四场沙龙发言稿的汇编。从中可以看出，面对当时的经济、金融形势，各方人士在当时的情况下根据当时的信息是怎么分析的以及都持有哪些观点。

本书涉及诸多学界、业界比较关注的话题，如雄安新区、经济新周期、股市、汇市等，既有对 2017 年中国经济、金融市场的分析，也有对 2018 年宏观经济形势和资产配置的展望。本书很好地将学术和金融实务结合在了一起，本书各章节的作者既有来自学界也有来自业界的，他们从不同角度对同一问题进行分析，观点互相借鉴、互相补充，避免片面地看问题。本书可以为高校师生、科研机构研究人员、政府政策制定者、业界投资者及其他对中国经济和金融市场感兴趣的人士提供参考。

本书共七章，具体内容如下：

第一章，千年大计。该章认为我国经济进入新常态结构转型升级的关键阶段，未来三十年发展急需新的动力区域和点睛之笔，雄安新区将是我国落实五大发展理念的示范区和引领区。雄安新区在新城新区发展模式上具有标杆意义，雄安新区要体现让市场在资源配置中发挥决定性作用的同时，政府也要更好地发挥作用。该章还认为雄安新区带来的公司成长非朝夕之事，是长久的发展，应该从长期投资价值的角度来看待雄安新区带来的投资机遇。

第二章，养老金融。该章指出我国 2035 年要进入超老龄社会，老龄化陷阱是中国经济未来面临的最大威胁之一，然后介绍了养老金顶层设计三支柱，认为个人是不能止损的，主动投资未必是最佳的，养老金融应开发被动产品。为了稳步推进养老金融的发展，还应加强养老金融监管，尤其是事前监管。

第三章，股市波动。该章认为中国股市的核心问题是估值整体偏高，估值重心向下调整的趋势不可逆转，只要这一调整不到位，调整就不可能结束。不过，由于未来监管可能适度放松，以及需求下降导致的流动性边际宽松，股市存在看多契机。该章还从壳价值的角度解释了蓝筹股与中小创走势分化的原因，认为 IPO 发行数量、节奏受到行政限制，是股票市场产生壳价值的原因，这也是部分对冲策略背后的根本原因。

第四章，新周期之辩。该章从产业结构的国内外对比、虚实对比以及虚实均衡制度和保障的角度分析了我国经济的虚与实，认为当前中国经济虚实转换的再平衡过程中主要是阶段性因素在起作用。该章还认为，前期经济形势好转是企业补库存的结果，并不是朱格拉周期向上启动。企业已经进入主动去库存的阶段，但是由于前期库存较低，以及随着产业集中度的提升，去库存区不会表现得特别剧烈，未来库存周期对经济的冲击也会相对缓和。

第五章，汇率。该章指出随着全球经济加快复苏，金融稳定性在波动中增强，市场情绪和跨境资本流动有所好转，短期内人民币汇率不会再出现单边的升值或贬值趋势，而是会在当前水平下双向波动。当前中国处于一个前所未有的金融资产“闯关”时期，汇率闯关一波三折，人民币稳定软着陆是政策意志所在。

第六章，2018 年资产配置展望。该章认为，2018 年以后的新时代将有新生活、新科技、新商业、新金融、新城镇化、新全球化六大趋势与机会，这些趋势和机会都是历史阶段性的，不是周期性的机会，资产配置也需要针对阶段性的趋势、机会进行研究，而不是简单应用发达国家的周期理论。当前的中国经济对民营企业依赖程度非常高，应优先考虑购买民营企业股。在地区上，优先投资珠三角、长三角、环渤海这三个沿海地区的优秀企业。在具体行业和股票选择上，则可根据改革、产业升级和消费升级这三条主线进行投资配置。

第七章，2018 年宏观经济形势展望。该章认为，2018 年中国经济新动能仍将表现强劲，但传统动能或将减弱，国内外多重压力下，中国经济增速下滑。但是大国经济的韧性有利于中国经济平稳运行，2018 年中国经济稳中向好、砥砺前行仍是主旋律，GDP 增长将继续保持在合理区间内。2018 年货币信贷不松不紧，融资结构将更趋均衡，财政政策着力点或将放在解决经济社会发展不平衡和不充分的问题上。此外，还将注意防范可能的“红犀牛”事件，包括金融去杠杆、国有企业去杠杆、调控房价、汇率政策等。

千年大计

第一期：（2017. 4. 16）

2017 年 4 月 16 日，“东方红・宏观经济与金融市场沙龙”首次研讨会，在北京大学经济学院 603 室成功召开。2017 年 4 月 1 日，中共中央、国务院印发通知，决定设立河北雄安新区。适逢此“千年大计”，因此，首次讨论会的会议主题为“京雄双城记：使命、举措与机遇”，围绕雄安新区的战略规划、与北京的关系、发展模式，以及其对资本市场的影响等展开了讨论。

一、雄安新区——京津冀一体化战略点睛之笔

张　辉

（北京大学经济学院）

内容提要：4月16日在北京大学经济研究所、东方证券资产管理有限公司主办的“东方红·宏观经济与金融市场沙龙”首次讨论会上，北京大学经济学院副院长张辉教授指出，未来三十年发展急需新的动力区域和点睛之笔，雄安新区在未来数十年必将成为能够带动中国经济发展新的增长极。在从时代背景、空间区位、协同发展、人口变迁、交通设施一体化五个角度分析雄安新区的发展之后，张辉教授给出五点有针对性的政策建议。

自改革开放以来，我国的经济建设取得了令世界瞩目的成就。珠江三角洲地区和长江三角洲地区作为开放的最前沿，已经发展为中国国民经济最具竞争力的地区。珠江三角洲的发展得益于1980年设立深圳特区，引入改革理念，通过市场化所创造的“深圳速度”；长江三角洲的发展则得益1990年开发浦东，引入开放理念，通过招商引资所带来的“浦东速度”。两个三角洲的高速发展奇迹也同时带动了整个国家经济在改革开放三十多年来的腾飞。

目前，我国经济整体进入新常态结构转型升级的关键阶段，2021年建党100周年，2049年新中国成立100周年，因此，未来三十年发展急需新的动力区域和点睛之笔。京津冀地区坐落于我国的华北地区，这里人口稠密，交通便利，工业基础较好，自然地理禀赋和经济禀赋均十分优越，而且拥有北京的首都优势和中国北部最重要的港口城市天津的海上交通优势。京津冀协同发展作为国家级的发展战略，在未来数十年必将成为能够带动中国经济发展新的增长极。

长江三角洲城市群16个核心城市拥有占全国国土总面积的1%和约占全国6%的人口，创造了占全国15%的GDP；珠江三角洲城市群9个核心城市占全国国土面积的0.57%，拥有占全国4.7%的人口，创造了

占全国 12%的 GDP；京津冀城市群的 13 个核心城市，拥有占全国总面积 2. 3%的土地和占全国 7. 23%的总人口，创造了占全国 10. 4%的 GDP。京津冀城市群在总面积和人口数量上要远大于长江三角洲地区、珠三角地区，在发展空间上所涉及的东北、西北和华北地区也远大于长江三角洲城市群所在的华东和珠江三角洲城市群所在的华南地区，但在经济总量和发展水平上却远不及前两个地区。所以，发展问题特别是环京津的河北省欠发达地区的发展问题将是京津冀协同发展的首要问题。时至今日，雄安新区横空出世，如何引燃京津冀一体化战略的点睛之笔也就尘埃落定。

应当从以下几个方面来看待雄安新区的发展：

第一，京津冀发展的新时代背景与深圳、浦东不可同日而语。在我国成为世界第一大贸易国和市场化程度提升到相当高度后，我国实际上已经进入需要协调国内区域之间均衡发展的阶段，而推进区域的均衡或公平发展的主要着力点则在于打破省市行政边界分割，优化资源配置，打破地区间经济发展的藩篱，通过区域一体化来激发发展的新活力。

第二，从空间区位和区域差异来看，相对长江三角洲和珠江三角洲，京津冀地区的一体化程度不高，区域内差异较大，各地区定位不明确，这些因素都使京津冀协同发展将是国内打破行政分割推进区域市场一体化和公平发展的国内示范区。

京津冀北部张家口和承德等市经济较其他地区自 2001 年之后逐渐摆脱相对落后的状态，而南部京津冀人口重心所在的保定、石家庄、衡水等周边地区则呈现经济发展相对迟缓的状态。京津冀北部发展比较好的京津唐城市群位于生态环境本就脆弱的北方地区，又存在大量重工业；与国内外其他地区相比，该地区水资源严重短缺，沙尘暴、雾霾、土地沙化等生态退化问题亟待解决。这更加剧了可持续发展与脆弱的生态环境之间的尖锐矛盾，严重制约了区域发展。目前京津冀地区的经济联系总体上被北京和天津分割为北部和南部两个相对稳定的整体，且对北方的非中心城市来说，中心城市（北京和天津）对它们的极化效应要明显大于扩散效应；对南方几个城市来说，几个城市之间的相互经济联系相比与北京和天津的联系更多。

第三，从产业协同发展角度来看。自1992年以来，北京市全力发展第三产业，目前已经达到较高的专业化水平，处于第三产业全国领先和出口的地位，第三产业的专业化程度在第三产业的各个生产环节中都有体现，特别是信息传输、计算机服务业、科学研究事业等产业。同时，除了部分能源型行业外，北京市绝大多数第二产业都在往外转移，但在全国仍处于技术输出地位。当前，北京市前十位的主导产业大多是第三产业部门，包括金融保险业、房地产业以及租赁和商务服务业等，近年来新兴的或获得长足发展的行业也主要是以现代服务业为代表的第三产业，第三产业对地方经济引领和辐射带动作用呈现不断增强的趋势，而第二产业无论是轻工业还是重化工业都处于不断削弱过程中，与此对应天津市和河北省则基本呈现与其相反的产业发展趋势。

因此，未来北京、天津和河北只有走一体化发展的道路，在紧密分工的合作中加强区域整合力度，才能最终克服三方第二产业和第三产业不平衡发展的窘境，在京津“双头联动发展模式”下，主要由天津完成工业化，由北京完成后工业化以及现代化阶段的主要内容，河北则要在农业现代化、新型工业化和创新要素集聚发展等方面有所作为。如此，以京津为核心的京津冀经济圈，将走出一条有别于长江三角洲上海单核驱动的大都市连绵区模式。

第四，从发展阶段与人口变迁来看。目前北京已进入后工业化向现代化知识密集时代迈进，第三产业的集聚是经济发展的主要推动力，即将结束其经济资源聚集阶段，已经开始呈现向外扩散辐射发展趋势；天津还处于经济资源聚集阶段，处于工业化后期向技术密集的后工业化阶段迈进，第二产业仍占有重要地位，目前依然是经济发展的主要推动力；而河北省还处于工业化中期，主要发展的是资本密集重化产业体系。

通过对京津冀地区、长三角地区、珠三角地区人口变动及分布的对比分析，可以发现珠三角地区人口在20世纪90年代增长速度要高于21世纪前10年的增长速度，长三角地区和京津冀地区则是21世纪前10年的增长速度要高于20世纪90年代的人口增长速度。京津冀地区随着经济的发展，人口吸引力也在不断增强。

对区域内部的各城市人口吸引力状况，北京、天津作为京津冀的两个中心城市，对周围区县人口变动造成了巨大的影响，在吸引大量劳动力的同时，也改变了京津冀各城市的人口结构。河北省的各城市人口大量涌入北京、天津。一方面推动了这两个核心城市的快速发展；另一方面也提升了河北省城市人口抚养比，对这些城市的发展以及社会的承载能力造成了巨大的压力。与此相对应，长三角地区、珠三角地区各市的人口吸引力则相对均衡。

第五，从交通设施一体化进程来看。从环渤海经济区北京、天津、辽宁、河北和山东交通基础设施投资产出系数来看，天津和河北在交通基础设施投资产出系数较大，达0.4以上。与北京、辽宁和山东相比较后可见，天津市和河北省交通基础设施投资系数高于其他投资系数，说明相对其他方面投资，津冀地区交通基础设施投资更能拉动经济增长。

京津冀地区北京市作为首都和全国交通枢纽，交通基础设施建设起步很早，公路、铁路交通十分发达，交通基础设施投资对经济增长的贡献有限。对天津市和河北省，交通基础设施水平则有待提高，进行交通基础设施投资会对经济增长有明显拉动作用。考虑京津冀内部交通设施发展水平的差异性，那么在推进京津冀一体化的过程中应当更加重视区域间的交通基础设施不平衡问题，以降低整个区域内的要素流通成本为目标，在交通基础设施建设方面真正做到统筹全局。

无论从创新转型、生态保护，还是均衡发展、经济发展阶段等方面来看，京津冀打破各地的行政区划障碍，推进一体化发展进程也是必然的发展趋势。不过，在不存在知识溢出效应的条件下，随着资源区域配置自由度的增大，京津冀一体化过程中各个区域之间的经济差距将会逐渐拉开，极化现象将会加剧。然而，如果合理地提高区域间资源配置自由度的同时加强区域间知识、技术的传播就可以在促进区域经济共同增长的同时避免突出的极化问题。

综上所述，雄安新区的设立应该是依托华北地区最大的湿地白洋淀这一优质生态资源，吸引京津冀以致全球创新要素资源的集聚区，借力首都功能疏解，通过引智和引资双轮驱动成为京津冀地区的重要高新科技产业中心，全国借势跨越式发展的典范。从长远来看，雄安新区必将是我国落实五大发展理念的示范区和引领区。

雄安新区建设的政策建议：

第一，通过引入优秀高校、研究机构资源，推进区域由农业城向高科技产业应用城的直接转变，建设和不断完善优化生活配套设施和吸引相对应的高素质人群。

第二，以优秀大学、科研机构资源为依托，通过相关政策与措施导向，发展以总部经济为特色、高科技为核心竞争力的高附加值、低环境影响的研究与发展等产业。

第三，根据自然资源不同属性与主要公共设置布局位置，规划不同开发强度与物业类型。

第四，通过生态治理和保护，发挥白洋淀宜人的环境和气候优势将是雄安新区吸引高端创新要素集聚的关键所在。

第五，住房以公租房为主，只租不售，建立群落式居住与办公功能一体化的生态社区。

（资料来源：本文是作者在 4 月 16 日“东方红·宏观经济与金融市场沙龙”发言的整理稿，已经作者审定）

二、京津冀协同发展中北京的“变与不变”

牛　雄

（国务院发展研究中心）

内容提要： 4月16日在北京大学经济研究所、东方证券资产管理有限公司主办的“东方红·宏观经济与金融市场沙龙”首次讨论会上，国务院发展研究中心副研究员、中国城市规划学会理事牛雄从“变与不变”的思辨中解读雄安新区的设立。并指出，雄安新区肯定要体现市场在资源配置中的决定性作用，但是政府也要更好地发挥作用，这跟改革的要求也是不谋而合的。

题目叫“京津冀协同发展中北京的变与不变”，这是前十几天，中国经济时报约我写的一篇稿子，我就跟大家交流一下，也谈谈对雄安新区的一些看法，兼论“城市中心漂移论与雄安新区”。

时间背景是2014年习近平总书记提出京津冀协同发展三年来，协同步伐不断地加快，前一阵就在北京的总体规划草案刚出来时，雄安新区就设立了，这是千年大计。在城市发展中有了一些新的理念、新的要求，站在历史的新起点上展望未来，我们还需要一点哲学的思考。

变和不变，京津冀协同中，哪些变了，哪些不变。

（一）不变

一是山川地理形势，京津冀的山川地理格局自古未变。引用《朱子语录》里，南宋朱熹所云：“冀都是正天地中间，山脉从云中发来，前则黄河环绕，泰山耸左为龙，华山耸右为虎，嵩山为前案，淮南诸山为第二案，江南五岭为第三案，古今建都之地莫过于冀，以今考之，是邦之地，左环沧海，右拥太行，北枕居庸，南襟河济，形胜甲于天下”。当时朱熹还在南方，这一块儿当时不是南宋的国土，但他看出这块地方确实是建都的好地方。明末地理学家顾祖禹《读史方舆纪要》里面写到，“据上游之势而临御天下者，其非今日之直隶乎”。1978 年我在河北挂职的时候，看这本书印象比较深，可以看出京津冀这一块儿，古今山川地理的重要性没变。

二是政治功能没变。大山、大水是建都的必要条件，从辽南京、金中都、元大都到明清北京，再到中华人民共和国，除民国的几十年外，北京一直承担中国北方乃至全国政治中心的功能，有 860 年建都史，是世界著名的古都，为我们留下了极为丰富的物质和精神遗产。

三是人文精神。习近平总书记讲了，“北京历史文化是中华文明源远流长的伟大见证”，回顾城市发展的历史，文化始终是城市最主要的功能之一，自古燕赵多慷慨悲歌之士，京津冀地区发生了许多影响中国历史进程的重大事件，涌现了数不尽的风流人物，是中国历史上农耕、游牧两大文明碰撞交融最长、强度最大的区域。

城市是文明的载体，我是搞规划的，早年还学过建筑，北京旧城、西郊的三山五园、近郊的明皇陵，河北的避暑山庄包括清东西陵等等历史遗迹都是中国传统城市营造晚期的巅峰之作。我说这个晚期，是因为唐朝有一些作品比这个还好，后来见不着了。尤其是明清北京城，被梁思成先生赞为“世界都城建设史上的孤本，无与伦比的杰作”，无不印证着京津冀地区是中国古代文明保存最丰富，价值最高的区域之一。当前京津冀协同发展是朝更高的世界城市群的方向发展，这个进程中一个不变的因素就是文化因素的延续性和贯穿性。

（二）变

一是时代背景。当今是经济全球化的时代，中国和全球经济的关联度越来越密切，城市理论里面有一个叫全球城市理论，全球城市网络中，北京的地位不断上升，从国家战略要求来看，北京的责任是带领京津冀地区抢占全球城市体系的顶端，因为现在顶端是纽约、伦敦、东京这些城市，控制全球资本的流动，所以北京要形成对全球资源的支配力和控制能力，建设世界城市，提升北京在国际上的竞争力、话语权，从发展战略导向看，应该从经济影响力向综合影响力拓展，更加注重提升文化影响力、科技影响力、政策影响力，这和北京新的四个中心，政治中心、文化中心、科技创新中心、国际交往中心的定位是一致的。

二是城镇化的指导思想。《国家新型城镇化规划》提出以人为核心的新型城镇化，中央城市工作会议指出要把握城市发展规律，推动以人为核心的城镇化，有效地化解各种城市病，努力把城市建为人与人，人与自然和谐相处的美丽家园等，这是时代背景。

三是城市的功能与空间结构。有一句话，城市的功能缔造了城市的结构，而城市的结构较城市的功能更为久远。北京城的空间结构，我们现在讲单中心、同心圆的结构是历史形成的，最早明清的时候，是政治文化中心造成的结构，几百年下来，新中国成立以后延续，拆了城墙建二环，后来又是三环、四环、五环，后来产生的很多城市病，跟这个结构有关系，但是这个结构一旦形成，有一个历史的惯性，虽然现在的功能跟过去的功能有不同的地方，但城市的结构较城市的功能更为久远，要调这个空间结构，要下很大决心的。新的历史时期，北京的政治文化中心功能未变，但是增加了科技创新中心、国际交往中心的定位，城市空间结构要随之调整，当然随着历史的演进它也会演进，雄安新区是一个大的步伐。还有高度城市化带来的交通拥堵、空气污染、房价高涨等大城市病，首先是人口的快速增长带来的水资源、土地资源、环境资源以及公共服务供给不足的矛盾。其次，是城市功能过度集中在中心城区的产物。随着城市规模的不断扩大，北京这种单中心、同心圆式向外扩展的城市空间布局越来越难以适应城市发展的要求。城市中心区功能过度集中，交通、环境和各项城市设施承载压力自然加大，中心城区的承载能力趋于饱和。最后，中心城区之外与中心城区整体发展水平差距的加大，过去讲北京 100 公里以外就是农村了，反过来又增加了中心城区的负担。我们觉得，规划学界研究这么多年了包括清华的吴良镛院士，他们研究二十多年了，形成共识，要解决问题，重点应放在城市空间总体结构的调整上，疏解城市中心区过度集中的功能。以京津冀区域协同的大视角来考量，多中心、网络化发展有助于治理大城市病包括雄安新区，北京副中心的建设，就是要把北京的单中心结构调为多中心的结构，和河北和天津形成互动。区域空间结构的调整应该配合人口、产业用地、交通、文化、生态、科技等的协同，带动整体的协同和升级，从单中心向多极网络结构转变，雄安新区、副中心这些都是重大举措，就是调结构，经济学讲调结构，我们城市和区域也讲调空间结构。

同时还要关注相关领域的宏观政策调整，因为城市空间调整背后的作用力是产业政策、人口政策、环境政策等包括交通规划和土地利用，跨部门的协作和共进等，表面上是呈现这个空间结构，但是背后的作用力是产业、人口、经济等在后面起作用。

四是城市中心漂移。前几年出版了一本专著《城市中心漂移论》，提出城市中心漂移的理论假说。核心理念是指在快速城市化背景下，特大城市各种功能集聚在一个中心，像一个地理板块一样，随着城市的不断发展，人口大量集中，产生各种城市问题，政府将行政中心迁移，有些功能逐渐分解、分离出去，漂移至一定距离后固定下来，形成一个新的城区。这是 2004—2006 年时，在对中国多个省会城市行政中心迁移的案例进行考查的基础上，运用一手的调查资料和第四次、第五次人口普查的数据，重点针对南宁城市空间结构演变进行实证研究时得出的结论，同时推演出近 20 年南宁城市空间结构的演化模型。现在看来，该理论假说在雄安新区、通州副中心建设得到了较大程度的验证，对雄安新区人口流向、空间布局有一定的借鉴意义。

快速城市化的一个客观表征就是外部人口持续流入城市，与城市内部人口流动相结合，引起人口分布在城市空间上的重组，与土地开发和产业布局变动等多种因素合成，带动城市空间结构的演化。

研究认为，从 20 世纪 90 年代至今，在人口流动、政府政策、土地开发、产业布局等多种因素的合成作用下，中国多个城市中心存在漂移的过程，其中宏观政策和政府的意图起了主导作用。现在经济学讲市场起决定作用，国家的文件也讲，我们讲城市的空间结构调整，首先是政府动态，宏观政策包括地方政府的意图是主要作用，后来的市场跟进之后，城市的空间结构，可以由单中心的圈层结构演变为两心、多核心的结构，中间是交通轴带相连。

根据这些假说，城市中心的分化需要时机、条件和动因。比如说政策环境发生变化，地方政府着力实施，这个政策有强和弱，有些地区，如果政策力比较强，动作就比较快，而且能建成，五年以后成规模，十年以后成样子。有些地方政策力不强，加之宏观经济环境变化，市场力量也跟不上，会出现鬼城，就放在那儿了。很多省会的新区都建成了，就是刚开始政府的力量比较大，市场的力量也跟得上，这对雄安新区是一个启发，一定要政府的力量跟上，历届领导的政策要有连续性，连续推进五年到十年，就会有效果。

当然还有一个条件，相关区域要有一定的基础条件，包括交通的条件和人口流动特征。比如说现在的新区里面，相对人口比较少，没有大量的人口集聚在那个地方，是一片空地，这是一个特征，还有就是交通条件，跟老城区的交通联系比较好，还有新区没有旧工业区的阻隔，还有地理生态条件良好，水资源、土地承载能力等，我们一般做总规的时候，要做资源环境影响力评价，联系各个学科包括经济学，社会学，搞地理的，搞生态的，要分析完了以后，看能不能承载这么多人口。

还有就是旧城拥挤，空间不足，城市向外拓展，城市开发方向的重点转移，这三者同时具备的条件下，地方政府还得因势而利导之，才能带动空间结构的优化，包括雄安新区，副中心，政府要在具备一定的条件下因势利导。

我还是这个观点，城市中心漂移主要是基于政府政策的作用力，市场力和社会力会跟着政府的力量跟进，这恰恰符合中央在雄安新区的决策部署。雄安新区肯定要体现市场在资源配置中的决定性作用，但是政府也要更好地发挥作用，这跟改革的要求也是不谋而合的。我后来在石家庄市城乡规划局挂职副局长时，在河北搞新区规划编制的时候深刻认识到了，政府到底在里面怎么起作用。

（三）变与不变的思辨

“人事有代谢，往来成古今”。中国易经的哲学讲求“变”，按一定的法则求变。中国古人有“究天人之际，通古今之变”的传统，在人类繁衍和建设人居环境的过程中一直探索“人”与“自然”的关系。把握新时代城市与区域发展的规律，万变不离其宗。山河湖海的自然生态格局无法改变；人与自然和谐共处、建设美好人居的理想未变；政治中心、东方文明中心的功能定位不变；从空间布局的角度来看，北京城市空间的内核和中轴一直未变。包括这一次做雄安新区的规划，做详规的时候，怎么完成这个千年大计，一定要参考老城这套东西，它的思想是怎么来的，除了外在的空间特征之外，背后的建城思想是什么。雄安新区的规划设计，将来要做传世之作，一流作品，挑战性还是比较大的。还有一点，京津冀地域一体、文化一脉，历史渊源深厚，交往半径相宜，它的一体性是行政区划不能分割的。

“城市的主要功能在于化力为形，化能量为文化，化死物为活灵灵的艺术形象，化生物繁衍为社会创新”（刘易斯·芒福德）

首都地区代表了一个时代的文化精粹，不仅有展示、传承、弘扬中华文化精神的职责，也具有开放、包容与建设首善之区的示范作用。在世界多元文化共存与竞争的今天，一个强大国家的主流文化应该在世界文化大融合中赢得话语权。北京作为中国的首都，目前有 2170 万人口，是国际国内交通枢纽、信息网络枢纽，跨国公司总部、金融中心、文化组织等各类机构林立，汇聚了全国一流的大专院校和各类人才，也有诸多亚洲一流的科研机构和来自全球的人才，传承中华文明的优秀基因，如何在新的历史起点上，化众人之力为磅礴能量，化众人之智为社会创新，带领京津冀区域整体创新发展，展现文化自信和大国形象，示范全国，进而为人类进步做出新的贡献，或许是“变与不变”的真谛。

（四）结语

“城市的最终使命是带领人类自觉地参与宇宙和历史的进程。”（刘易斯·芒福德）

从中国古代的民本思想到中央提出的以人为核心的新型城镇化，到中国共产党为人民服务的宗旨，是有一条脉络贯穿的。京津冀发展的根本目的是让这片区域上的人民生活得更好，用海德格尔的话说，诗意地栖居在这片大地上。在城市工作领域中细化十八届五中全会明确的坚持以人民为中心的发展思想。什么叫千年大计，可能是以人民为中心的建城思想，才能持续一千年。正如习近平同志指出：“城市规划建设做得好不好，最终要用人民群众的满意度来衡量”。北京作为中国首都，要为全国人民做出示范样板，带领京津冀地区建设世界级城市群，创建美好人居环境，顺应中华文化伟大复兴的时代潮流，雄安新区的规划建设，确实有这个责任，古代是孤本、杰作，雄安新区要展现东方古国在世界的崭新气象，为国家、为民族复兴做出新的贡献。

谢谢！

（资料来源：本文是作者在4月16日“东方红·宏观经济与金融市场沙龙”发言的整理稿，已经作者审定。）

三、雄安新区与中国新城新区发展模式转型

冯　奎
（中国城市和小城镇改革发展中心）

内容提要：4 月 16 日在北京大学经济研究所、东方证券资产管理有限公司主办的“东方红·宏观经济与金融市场沙龙”首次讨论会上，中国城市和小城镇改革发展中心学术委员会秘书长、研究员冯奎从新城新区的普遍性到雄安新区个性特征角度，谈了雄安新区在中国城市发展模式转型中的定位、意义。

雄安新区是今天的一个主题词，我和大家交流的题目“雄安新区与中国新城新区发展模式模转型”。

在雄安新区的定位上有两句话。第一句，“在河北合适的地方寻找一个非首都功能的集中承载地”。所以，雄安新区的作用一定和首都的发展紧密相连。正是因为找到了这样的一个承载地，才会使我们首都的四个核心功能发挥得更好，使首都在我们这个大国的崛起中发挥越来越重大的作用。从这个意义来讲，雄安新区的设立是一个全国意义的、一个有历史影响的大计。第二句话的意义，现在还没有被充分认识到，但是实际上非常重大，“用新的发展理念打造的一个新城区”。这句话包含制度的自信、道路的自信，一种在掌握了城市发展规律之后，用新的发展规划的理念来引导我们城市从传统模式走向新模式这样一种探索。从国内方面来讲，我们的城镇化率是 57%，中国已经进入了城市型的社会，在这样一种情况下，一种新的城市发展模式对中国的意义毫无疑问是非常巨大的；从国际方面来讲，通过雄安新区的设立，可以有效地治理大城市病，在国际社会面前也展现治国理政的理念，这个影响也是极其深远的。

今天主要讲三个观点：第一，关于中国新城新区的作用；第二，新城新区所面临的一些问题；第三，雄安新区在中国新城新区发展模式转型当中向什么地方去，它展现了什么样的一种模式。理解这些，有助于更全面

的地认清雄安新区的意义，有助了解它在推动中国整个新城新区发展转型中的作用。

（一）中国新城新区的作用

从世界范围来看，新城新区这个概念比较悠久。19 世纪末就有了田园城市的说法，后来从英国、欧洲、日本、韩国、美国，很多国家都有讲过新城新区。而新城新区只有在中国才是发展得最深入、最广泛、最持久，它已切入中国改革开放的历程中去了。

中国目前已经形成了一个庞大的新城新区体系，这个体系包括哪些东西呢？包括龙头新区，就是我们讲的国家级新区，加上雄安新区现在一共 19 个，国家级别的经济开发区 219 个，高新区 145 个，经济特区 7 个，自贸区 11 个，还包括数以万计的省级层别各类开发园区。此外，近些年来新城新区还有一些转化的形式，如我们常说的低碳新城、高铁新城、智慧新城、行政新城、科教新城等，我们都把它们均叫做新城新区。新城新区的争论很多，有截然不同的一些看法，雄安新区的设立，给这样一个争论又增加了很多新的内容，但我们从一个历史的阶段来看，新城新区在中国的作用不可低估，可以说发挥了历史性的作用，主要体现在以下四个方面：

第一，新城新区是经济的增长极、发动机。我们可以看到新城新区，特别是东部的国家级新区，一般生产总值占到了所在城市总量的 30%左右。将高新区和经济开发区加在一起，会占到国内生产总值的 1/4，仅一个中关村就有 3 万亿元。因此，我们说它是经济增长极。

第二，新城新区是城镇化的载体。城镇化的载体，最核心的是讲它承载了诸多的转移人口。改革开放之初，我们的城镇化率为 18%，现在是 57%，转移到城镇约 7 亿多人，特别是近些年来很多的人口实际上是转移到了新城新区，如上海浦东新区、北京的很多新城新区就吸纳了很多的转移人口，北京的新城新区吸纳了 500 多万的人口。所以它的第二个方面作用就是城镇化的载体。

第三，新城新区是方案提供者。我们城市的很多问题，往往要通过新城新区来解决，比方说大城市病、工业发展空间受限的问题、旧城区的改造的问题，这些都需要通过设立一个新城，或者是一个新区的方式来解决。

第四，新城新区是新的功能平台。它不一定是解决你遇到的问题，而是要拓展我们的空间平台，我们近些年来观察到像高铁新城、科教新城、行政新城往往都是这样。为什么要建高铁新城呢？建高铁新城是为了满足高铁枢纽发展的需要。为什么要建临港新城？是要满足在有港口的地方，要有城市的功能，这才能够满足港口发展建设的需要。所以，我们认为它是一个功能平台。

讲新城新区的历史作用，有助我们认识雄安新区。雄安新区从一般属性来说，它是一个新城新区。所不同的地方在于，和深圳经济特区、上海浦东新区相比，所处的历史时期不同，是有标杆意义的新城新区，是有里程碑意义的，是有全国意义的。我们讲深圳经济特区的成就有三个：一是经济上，深圳这个城市取得了巨大的发展；二是带动了城市群的发展；三是开放的意义。浦东新区也一样，存在三个方面的成就：一是它的经济意义；二是它推动了长三角城市群成为世界上的重要城市群之一；三是它所创造的制度改革的意义。雄安新区也有类似，虽然现在的定位里面没有将经济中心放在非常重要的位置，但请大家不要忘了，雄安新区的四个定位集中讲的就是发展，这个发展不是一般的小发展而是一个跨越式发展。否则，雄安新区怎样比肩深圳、上海？因此，我们说雄安新区是一个全面发展的新区，它包含了经济增长的意义。另外，雄安新区对制度改革、开放也具有深远的意义。这样，当我们去理解雄安新区的时候，第一个层面就从一般新城新区的意义上考虑，再叠加它的特殊身份才可以推出它的特殊意义。

（二）新城新区所面临的问题

新城新区目前还面临一些问题，有些问题比较普遍，有些问题甚至比较严重。雄安新区在设立之后，大家自然也会关心会不会出现雄安问题与问题雄安。也就是说，它会不会重蹈以往新城新区的老路，成为人们诟病的对象，这都是大家非常关注的。反过来也要说明，国家要设立雄安新区，究竟是想引领新城新区向新的方向走，还是任由它变成一个普通的新城新区？

当讲到新城新区面临的问题时，我们大致有以下一些观察：

第一，现在规划的一般的、普通的、质量低的新城新区数量还是很多。经济进入了新常态，经济质量要上去，速度要下来，在这样一个情况下，大规模、粗放式开发的时代已经过去，但新城新区规划建设的惯性因素仍在。

第二，存在土地等资源被浪费的现象。回顾一下数据发现，过去的这些年当中，很多新城新区的密度，人口密度都是下降的，很多的新城新区也存在圈了用地之后产出并没有如期地提高的现象。

第三，新城新区千城一面的现象也非常严重，对历史、文化、自然生态资源的保护不够充分。

第四，很多地方的新城新区存在低水平的产城结合，或是有产无城，或是有城无产，或是产城低水平结合，高水平产城融合的新城新区还比较少；未来在这方面需要进行突破。

第五，新城新区投融资发展的模式也需要得到改善，很多的新城新区是依靠土地出让换得建设的资金，由于建设资金大面积铺摊子，结果又导致需要更多的土地出让来支撑未来的发展，没有找到一个可持续的发展之路。

还有很多其他方面的问题，但我们应该关注的是“新城新区的发展取得了重要的成绩，但是发展模式需要创新”。从城市发展的意义上来说，雄安新区要成为新发展理念指导下的新城市，那么它一定要在解决以上问题方面有所创新，要树立城市的标杆、要成为引领者、要成为中国城市未来的风向标。

（三）雄安新区的发展模式探索

目前，从我们观察到的规划建设方面的信息来看，雄安新区未来有可能朝什么方向做？是不是能成为鲜明的雄安模式？

第一，从规划角度来讲，雄安新区并不是一个任由其野蛮生长，然后不断修正它的发展模式的做法。与之相反，它是在一个规划引领之下，也就是要按世界眼光、国际标准、中国特色、高点定位来规划、建设与发展。一些研究经济学的人认为，新城新区比较好的模式是任由其自然生长，认为这样反映了市场对资源配置的作用。所以现在大家一谈起雄安这样的新城新区，先是规划了一个定位，他们就有不同的声音，不同的看法，因为他们认为野蛮生长比较好。但我想指出的是，规律一旦被掌握之后，实际上就变成了一种科学认识的力量，变成一种我们改造这个城市，推动城市发展的力量。

第二，从新城新区发展的目标上来说。这个新城新区讲的是什么呢？它讲的是城市高水平的以城带产、多种功能融合发展。我们以往的很多发展，只是某一个方面单一的产业的发展，或者是单一功能的发展，但是在雄安新区的发展，强调的是绿色、智慧城市，强调的是生态宜居城市，强调的是交通便捷的城市，强调的是开放共享的城市。从城市的功能上切入，对城市的理解比以往的时期要更深刻。反思我们以往的新城新区建设，为什么会出现很多的低水平的集聚区建设，低水平的城市人口集聚区、产业集聚区的建设，往往是由于对城市功能的理解不够。

第三，从区域关系上来讲，雄安新区建立之后，它在京津冀地区，实际上构成了一个北京“两翼”当中的“一翼”，北京主城区的一个翅膀是北京的城市副中心——通州，另一个翅膀就是雄安新区，形成了主城区加两个翅膀的格局。这样一个翅膀和北京城市副中心有什么不同呢？在于它跳出了北京，去规划建设这样一个新城。从区域关系上来说，这是一种在区域的大格局下去研究城市问题的思路。虽然这种思想并不超前，但在中国这样一个城市都是在行政区划范围之内，都和行政区密切结合起来的大背景之下，它的意义非常突出了。这样一种跳出了北京去解决城市问题的思路，一方面它对北京的城市功能疏解有意义；另一方面它对雄安新区的发展也有意义。所以雄安新区的未来不是孤立的，一定是和北京的主城区以及副中心，同时也还一定和周边的这些大城市紧密结合的。因此，这是一个在大格局下面去推动新城新区发展的思路，这在是以往少有的。

第四，从城镇体系的内部构造来讲，以往我们讲一个新城新区时，往往讲的是一个单点的结构，就是单核，一个核心的结构。而现在讲的雄安新区又怎样呢？它包括雄县、容城、安新，起步区、预留下来的和保定之间未来的发展区，很显然构造的是一种组团式的格局，而不是单一中心的格局，这种组团内部是要通过网络进行连接的。因此，它体现了一种多中心、组团式、低冲击的探索。所以，我们可以比较好地预见，它走的不是一种摊大饼的道路，这是城市空间布局方面新模式的特征。

第五，从城镇体系构架外部特征方来看，以往京津冀这个地方，发展主轴是北京和天津，架构在这两个特大城市之上的发展主轴，是两个特大城市之间的连接，以此来带动区域发展，因此它是典型的特大城市的偏向。雄安新区座落在河北，它的发展对河北中部、南部的发展具有非常好的意义，对河北全省也有辐射带动作用。从更深远的城市发展来看，它改变了河北大中城市缺少的问题。由于雄安新区的设立，京津冀这个地方的"心脏"由线段变成了一个三角形这个"三角形"就是北京、天津、雄安新区。这是一种通过新旧城市组合来推动城市群发展的，推动城镇体系结构优化的重要方式。

第六，投资融资模式方面也有创新。在国内宏观经济下行，国际经济不同于以往高速增长这样一种时期中，大家都在想雄安新区未来的发展靠什么去推动，特别是在投资这个方面。在过去的37年中，深圳大量地依靠民营资本，上海大量地依靠外资得到了发展，现在雄安新区依靠什么呢？实际上很好的模式已经在规划里面体现出来了，这就是社会资本参与多元、可持续的投融资模式。其实在雄安新区设立之前，我们就在探索社会资本投融资模式方面的种种创新，未来在这方面也有很多很重大的创新。这方面创新的内容也很多，还包括我们在基本公共服务方面、对外开放方面。雄安新区是一个内陆的城市，但它要做一个开放的平台，这种开放的平台怎么做，如何通过交通、产业空间的布局来使它打造成为这样的平台等这些方面，都是以往我们很多新城新区发展模式当中所未曾有的。这样一种模式的集成创新，我想这是雄安新区发展一个重要的意义。

还有其他许多方面的创新，都在展开之中，限于时间，不再多说。这些创新的内容，对一个城市来说，并不是简单地说，把很多的规划图叠加在一起就可以做到。在实际的过程中，仍然需要结合各种情况，寻找出一条雄安的模式，讲好这个中国故事。这个过程不是简单地把将好的优点叠加在雄安身上就可以实现的新型城市目标，所以未来仍然面临着诸多挑战。假以时日，我们希望看到的是，雄安新区在新城新区发展模式，在城市发展模式上，能够打造成一个标杆意义的东西，它对引领中国进入城市型社会之后，推动城市的进一步发展，推动新城新区的进一步发展，都具有非常重大的意义。在国际上，它也可能真正做到是一种有信心的展示，能够推动中国如此众多的城市进入未来世界经济的竞争场上去。

（资料来源：本文是作者在 4 月 16 日“东方红 · 宏观经济与金融市场沙龙”发言的整理稿，已经作者审定。）

四、雄安、京津冀：空间经济学的理论与实践

金海年
（诺亚控股有限公司）

内容提要：4月16日在北京大学经济研究所、东方证券资产管理有限公司主办的“东方红·宏观经济与金融市场沙龙”首次讨论会上，诺亚控股有限公司首席研究官、中国新供给经济学50人论坛成员金海年从空间经济学的角度谈了雄安新区的“千年大计”。金海年在旁征博引国内外城镇化的历程以及克鲁格曼的空间经济学在主要国家存在不同的适用后，对雄安新区的创建给了四点评价。

金海年：非常感谢苏剑所长的邀请！本次演讲的理论研究基础是我和前央行研究所所长姚余栋博士合作的结论，我们在2014年做过关于空间经济学的研究，讨论中国的多中心城市和京津冀一体化问题。

首先，对“城市”一词做个分析。“城”，是人类文明开始的标志之一，是在一个有限的区域建设围墙，起防卫的作用，人们定居下来，不再是原始的游牧状态；“市”是集市，是进行交易的场所。因此城市有面积的概念和商业的含义，现在大城市的承载能力，和城市带的交易功能，核心就是这两方面的内容。人口为什么会流向城市？根本原因就是工作机会，谋生的手段。例如，我们在座的，估计超过一半老家都不是北京，但是为什么会到北京来呢？主要都是因为到北京工作，谋生的手段会促使人们流动到城市里面来。

自中国改革开放以来，我们加速经历了很多其他的发达国家更长时间走过的路，尤其是城镇化的进程。国际历史经验表明，城镇化率从30%~70%是高速发展的历程，美国的城镇化率从30%~56%，用了70年的时间，我们用了35年，正好是一半。美国城镇化的后半程，从56%~70%，又花了30年的时间。如果我们还是用一半的时间，那么大约到2030年，我们的城镇化率大约也会达70%。

城镇化的发展既是我们改革开放以来高速发展的原因之一，也是最近几年经济增速放缓的一个很重要的原因。我们做过定量分析，发现全世界主要的发达国家和地区包括美国、德国、韩国、日本和中国台湾地区包括亚洲四小龙等，在城镇化率达 70%以上时经济结构也发生类似的变化，第三产业都会超过 60%，当他们的第三产业占 GDP 比重超过 60%的时候，GDP 增速无一例外都跌落到 6%以下。进一步分析，主要是因为原来的增长是双引擎，即第二产业、第三产业同时在快速增长，相当于工业化和服务业现代化的进程同时在进行，两个引擎动力共同推动经济达 8%甚至 10%以上的增速。中国这几年出现了产能过剩的问题，实际上意味着我们的第二产业已经进入饱和的阶段，第二产业不可能再像以前那样高速地增长了，第二产业除了产能过剩以外，还带来了大家更关心的雾霾问题，污染的问题。原来的两个引擎，第二产业、第三产业同时高速发展，现在变成了第二产业没有原来那么高速了，只有第三产业还能保持高速的增长，整个数字会降下来。不过我们也会发现，增速降下来以后，实际上我们经济增长的质量并不一定会降下来：一方面，第二产业的增速降下来以后，能源的消耗、污染的排放等问题都会得到改善；另一方面，第三产业无论是从就业率，还是从业人员的平均工资，还有每万元 GDP 产生的能耗等，结构性都比第二产业好得多。因此以后的增长数字没有那么大，但是增长的质量包括老百姓生活水平的提高、改善的情况，一点都不会比以前差。

其次，中国特别大，区域发展不平衡，在北上广深等沿海发达地区第二产业已经接近饱和，但是中西部等地区还没有完成工业化的过程，比如说重庆还能保持很高的经济增长速度，还有部分双引擎的潜力。

在这个过程中，原来的引擎少了一个，所以现在还在寻找新的动力引擎，像科技创新、“互联网+”等，但是现在的规模还不够，虽然速度很快，但还不足以填补原来整个第二产业这么大规模的增速放缓形成的空缺，所以这些还是长远的新的引擎。而城镇化和全球化的后半程是能够成为这个阶段性新的引擎，能够填补传统第二产业包含造成的高速增长动力空白。

在这个过程中，中国几个比较成熟的城市带已经慢慢形成，最成熟的是长三角，即江浙沪泛长三角城市带，不仅有上海这样的中心城市，也包括像杭州等这些相对发展比较有特点、高速的城市，其发展水平已经跟发达国家的差异不是很明显了。珠三角现在正在进行融合转型，其特殊之处是离香港和澳门特别行政区很近，货币的多样性和制度边界的交流也将产生新型城市带模式。相对比较落后的就是京津冀、环渤海都市圈的发展，相比长三角和珠三角来讲比较落后，这也是我们国家一直比较重视京津冀发展很重要的原因。

克鲁格曼对D—X模型（迪克西特·斯蒂格利茨垄断竞争模型）做了拓展研究，得出了城市带一定会形成核心城市。为什么会有这样的经济现象产生，主要是考虑了农业和制造业的运输成本还有工资以及市场规模效应对生产者的影响，这是从供给侧的角度；对消费者这样的需求侧，会考虑居住成本等方面的因素，从而推导出发达国家工业化会形成以制造业为中心，农业为外围的城市集中化均衡理论。但是他认为，多个城市中心是不稳定的平衡，如北京、天津、唐山等离得比较近的几个地方，很难形成多中心的城市带，这是不稳定的平衡，因为最终资本、人才和企业等资源，都会逐渐集中到一个优势中心城市，这是我们看到，为什么挨着北京，天津永远是天津卫，河北的城市也很难发展的原因。

如果我们不从晦涩的经济学理论上来解释，从老百姓自身的解释也是一样的，大家为什么喜欢来北京，因为这边的工作机会更多，小孩上学有好学校，城市有更好的公共服务资源，这就是为什么会吸引这些人力资源能够进入到中心城市很重要的原因。所以我们会发现，其实克鲁格曼的结论可以证明，一个小的经济体，地理区域不是很大的情况下，确实不能够存在多中心，它最后会稳定到一个单中心的均衡。但是他的理论也有不足，即没有发现在一个大的经济体，如中国或者美国，事实存在多中心的均衡。

因此，克鲁格曼虽然因空间经济学得了诺贝尔奖，我们仍然可以进一步扩展研究，发现同类企业聚集会形成商圈，不同行业聚集会形成城市，产业链的聚集会形成城市带，产业对资本、人力、自然资源、科技等四大主要供给要素具有聚集效应，形成区域分工，边界的大小就是由空间转移与交流的成本来决定的，对生产来讲是运输成本，对人来讲就是交通成本，这个成本是综合的，不仅包括花钱多少，还包括花时间多少。基本上说得通俗一点，步行半小时的距离决定了商圈的半径；上班一小时的交通距离决定了城市的半径；原材料运输当日的距离决定了城市带的半径。所以我们看到，城市的扩大，往往会伴随着交通技术的改善，如果交通科技发展了，一个小时可以走更长的路，城市也可以扩展得更大。城市带，如果用克鲁格曼空间经济学为基础来看，所有的制造的产业链的分工，与原材料包括中间产品的运输时间成本是密切相关的，基本上需要当天或者八个小时之内能够运输达到的范围之内，往往容易形成一个聚集区。比如说像手机的生产，我们知道在天津泰达开发区有所有手机配件的生产工厂包括液晶屏、电路板、电池等，整体上会形成产业链的布局。当然我们可以再扩展到经济以外，国家是有它的统治半径，是由统治信息和反馈的半径来决定的，元朝时疆域最大，政策的上传下达超出了它的交通能够允许的时间成本，最后整个帝国就会分解掉，没办法进行长期稳定的统治。

现在一些著名的城市带发展，如美国的东海岸、西海岸、东京的城市带等，都与这些因素相关。例如，东京城市带的形成，跟新干线的建设是密切相关的，科技手段缩短了交通的时间，扩展了城市带的地理半径。每个城市带都有一个中心城市，凝聚、吸引企业和人力资源，即智力的资源和资本的资源，这些经济资源会形成中心到外围的城市群。

中心城市的类型，也经过了三个方面的演变。早期以农业为中心，跟土地、水源密切相关，如果一个地方不适合种植，就很难形成一个城市。但是现在随着科技的发展，农业已经不是考虑的第一因素了，就形成了以工业为核心的中心城市。现在新的经济的发展，出现了第三类中心城市，即新经济中心的多样化，如新加坡和我国香港等国际贸易服务中心，伦敦等金融中心，硅谷科技创新中心，还有旅游、文化、政治等，都可能形成中心城市。

因此，中国必然要走新型城镇化道路包括多个、多种城市带的形成，更多样化的中心城市，以分工辐射二、三线城市周边的中小城镇，每个城市带或城市群可以容纳千万甚至亿计的人口，大约十个这样的数量级，才是中国城镇化率达70%这样的成熟程度的发展目标，这个过程核心区域企业、行业与产业的发展，当然跟交通运输技术的发展也密切相关。

因此我们看到城市的形成、城市带的形成，跟人口流动是密切相关的，而人口流动又决定企业的流动和发展，企业的发展又决定产业的分工与分布、制度政策决定的交易成本和发展空间。比较成功的新区、新城，一定是有足够多的人口聚集，以人为本实际上就是以就业为本，如果他的生计不能解决，都是不行的。当然跟他的生活成本也是密切相关的，就业是由企业的流动决定的，为什么一个企业会到另一个地方去，发生迁移，由经营环境决定，既包括经济因素，因为这个地方的上下游产业，是否更容易赚钱等，还包括制度因素，交易成本尤其是税收、竞争等。

以美国为例，有多个大的中心城市带，还有新型的中心城市，像硅谷、旧金山，就不是以工业为中心的，有风险资本、有智力资源包括斯坦福大学等创新的文化，最后诞生许多伟大的公司。俄罗斯人太少，地理面积虽然很大，但跟中国可比性不够。欧洲国家分散，也有区别。超大规模经济体，意味着人口多、面积大，因而产业结构必须完整，农业要有一定的自给率，才能够容纳多个中心、多个城市带和城市群。

城市和城市带的发展还有一个路径依赖的问题。比如说在北京，已经建都800多年，无论是整体迁移还是另址重建都是及其困难的，地理布局、商业习惯、文化传承等历史传承的作用都是需要重点考虑的。

科技的发展，可能会带来城市和城市带空间的突破包括运输技术和交通技术的发展，互联网、高铁等，都是中国城市带发展的重要推动因素。当然，大城市也会有大城市病，除了地理半径的限制，水等资源也有容纳能力的问题，遇到城市容纳的“瓶颈”，需要考虑靠市场手段还是行政手段来解决。其实市场手段和政府手段并不冲突，有些情况需要市场的手段，有些情况需要政府的手段，有些情况需要市场和政府手段的综合。比如说北京人口现在已经超过2100多万人，如果未来2030年要控制在2300万以内，未来哪些人要走、哪些人限制进入，不仅需要政策制度的限制，并非简单地说低级工作就要迁出，一个完整的城市，各层次的工作是都需要的。再比如说高房价，也是一种市场调节城市人口的手段。不过污染和资源承载能力造成的水价物价等问题，也会影响人口的流入和流出，但污染不是好的成本调节方式，城市无论大小，污染问题都应得到解决。我们进行数据回归分析发现，城市的房价和该城市非户籍常住人口的比例具有明显的指数关系，一个城市的非户籍常住人口比例越高，其房价就越高。

中国有超过13亿人口，不可能只靠两三个城市带就能够完成城镇化的发展。我们发现，全球大概有十几个成功的城市带或城市群，每个城市群或者是城市带，基本上人口的容纳能力都在3000万以上。中国城镇化率要达70%，需要10个9000万人口的城市带，其中有一个3000万人口的中心城市、7~8个500万人口的二线城市和20个50~100万人口的小城镇，我们希望建立动态的多中心的新型城镇群体系。

北京、天津、河北必须在其市场和历史产业分工的路径基础上，进行政策制度引导的差异化设计，雄安新区有可能是下活整盘棋的棋眼。

第一，雄安新区定位很高，是“千年大计”，这点超过了深圳和浦东。

第二，雄安新区的管理组织复杂，既包括河北省，也包括发改委，还包括新成立的京津冀协同发展领导小组，更不一般的是由习总书记牵头。

第三，我们也看到，实际上无论是人民日报还是新华社，无论是京津冀小组的负责人徐匡迪还是发改委主任、河北省委书记，他们对新区总的看法虽然一致，但是细节还是有很多差异的，说明具体规划还未成型。对具体的规划总体上有三种猜测：一是迁都说，深圳、浦东、曹妃甸和雄安相比有一个一致的特征就是面积相似，深圳的面积大概是1900多平方公里，曹妃甸也是1943平方公里，雄安未来的面积长远也是2000平方公里左右，短期的是200平方公里。而北京是1.6万平方公里，所以迁都是不成立的，面积太小。二是像深圳、浦东一样的特区，深圳、浦东并不是在白纸上发展起来的独立的中心，深圳是挨着香港的，依靠对香港的开放发展起来的，浦东是依托于上海百年东亚金融中心发展起来的，路径依赖相当明显。这样的特区难以称为“千年大计”。三是中国模式、中国特色社会主义的建设特区，这可是人类发展模式的大试验，现在无论显示的房地产、企业自主迁移等模式，无不显示这很有可能是制度创新的彻底革命。

第四，雄安还有一个值得大家重视的现状，就是虽然它地处白洋淀边，却也在雾霾深处，中国污染最重的地区是河北，而河北污染最严重的地区就在保定雄安一带，这里不但传统工厂、制造业比较多，而且华北平原的空气聚集地形气候，污染物不易扩散，也造成了污染治理的最大挑战。

所以我们看到，雄安的发展理念，在“十八大”提到的五个发展理念中占了四个，第一是绿色生态的发展理念，如果希望能够通过雄安的特区制度建设推动新型发展，在雾霾最重的地方、把河北的雾霾和污染问题解决。第二就是科技创新，第三是协同发展，第四是开放发展，一定是京津冀协同起来进行发展，对外开放、依托科技创新，探索新型发展的雄安道路。

雄安新区的发展可能是政治经济学史上的理论突破和实践尝试，我们期待的市场与政府的结合、科技与产业的结合、生态与发展的结合、空间与资源的结合、开放与自主创新的结合等方面，都可能给以千年的惊喜。

（资料来源：本文是作者在4月16日“东方红·宏观经济与金融市场沙龙”发言的整理稿，已经作者审定。）

五、中央选择雄安新区有何深意?

朱幼平

(国家信息中心)

内容提要:4 月 16 日在北京大学经济研究所、东方证券资产管理有限公司主办的“东方红 · 宏观经济与金融市场沙龙”首次讨论会上,国家信息中心中经网管理中心副主任、研究员朱幼平从四个方面谈了对雄安新区的认识:雄安新区选址的动因;规划方向;从区位经济学的角度来看构思新意;雄安新区未来的发展方向。

之前各位专家讲的内容都还是非常丰富的,我准备的材料跟上面几位老师讲的有一些是相重的,我尽量从我的角度,说过的就不说了,没提到的补充一点。

关于雄安新区,我想向大家沟通四个方面的内容:第一个方面,中央为什么选雄安这个地方?为什么习总书记亲自发动?我搜集了一点资料,看一下这个决策过程,做一点解读。大家都谈了这个问题,但是没有做资料。第二个方面,这个地方,按照咱们现在出来的规划的官方文件里面解读一下,将来雄安新区的功能都有些什么内容,未来这个地方怎么投资,怎么开发,下一步去干工作的方向是什么?第三个方面,我想试图从区位经济学的角度解读一下这个构思到底新在什么地方,深在什么地方?其实刚才专家们都讲过,我也补充一点我的看法。第四个方面,看看雄安新区未来有什么样的发展趋势?

第一部分,从我搜集到的资料可以看出,决定雄安新区这个地方关键就是两个日子,第一个是 2015 年 5 月 27 日,习总书记召开的政治局会议,大家在报告当中首次提了要规划一个雄安新区,作为疏解首都功能的集中承载地。第二个是 2017 年的 4 月 1 日,国务院宣布设立雄安新区。

从这些公布出来的文件里面我们可以解读三个信息:第一个信息,中央对这个方案筹划已久,并不是 4 月 1 日像愚人节似得很突然。从当初中央提出京津冀战略的时候，首先考虑的就是要疏解北京的非首都功能，一直说要在河北某一个地方找一个集中承接地，这是由来已久的，时间很长了。第二个信息，整个规划的构思，中央的保密工作做得很好。很多人在方案公布之后到那儿炒房，发现根本不是那么回事。第三个信息，这里面大量的有我们做京津冀研究的智库的作用在里面。从整个决策过程里面，能看出这样几个信息。

因为今天大家都讲得很多，雄安新区的意义和重要性也讲了很多，我都非常赞同。我觉得这里面有两个看点：一个是为什么选择这个地方？另外一个就是，它干不干得成？

为什么选择这个地方？确实要根据城市的发展规律角度，找一个地方，去做北京功能的疏解。之前是有几个备选地方，为什么最终选择了这个地方呢，我体会有这么几条理由：

第一条理由，刚才大家都说到了，雄安这个地方有白洋淀，大城市最基本的资源条件就是需要水。但大家可能忽略了一个细节，这个地方，白洋淀 80 年代就干过，现在白洋淀也说不上水源充足、生态优美、环境宜居，为什么还要选择这个地方？

一方面，这个地方属大清河水系，没有抢北京永定河水系的水。我估计选这个生态资源承接地的时候，这个区位优势，可能是“压垮骆驼的最后一根稻草”，最终左右了决策。北京的人口 2100 万人，还在往上增长；而北京的地下水位一直在往下降，形成地下水漏斗效应。北京乃至整个华北这个地方严重缺水。按照北大地理系侯仁之老师的观点，全世界所有的大都市，都是在大江大河的旁边建的，是自然发展起来的，唯独北京，这个地方就一个永定河，还是一个季节河，干枯的。这个地方现在已经受不了了，再往后发展根本没条件。所以水对一个城市来讲，是非常重要的先天的自然条件。雄安新区恰恰没有抢北京的永定河水系的水。这是第一点。

另一方面，白洋淀现在大家认为它是一个污染的，没有水的河。北方就是缺水的这么一个情况。但是最近有一种风水的说法，我文章里面也讲到了，自从京杭大运河开挖了以后包括现在的南水北调工程，把长江的水、黄河的水都引到北方来之后，改变了这个地方的自然生态条件。我相信雄安新区未来，可能第一号工程就是要整治白洋淀的水系，要重新规划。一般城市开发可能会通路、通电、通信等，还要规划绿地，是按照现代国际标准来规划。但是它的第一号工程肯定是来疏通水系，弄不好就是上游污染的企业该搬就搬，水库该关就关。大家想一下，是在一个水系里面把一个水搞起来，搞成循环容易；还是你重新再去规划一个水系，再造一个水系出来容易？要是选择唐山、蓟县那一带，可能原来有一些钢厂，工业发展条件比雄安这个地方要好，为什么选择这个地方，选择那些地方再来抢北京的水，再建一座像北京规模的城市，再来重新人造一个流域，还是在现有的领域整治，哪个更经济，更成本？这是咱们的解读。

第二条理由，刚才有一个专家说到克鲁格曼，因为发展了中心城市磁力规律，得了诺贝尔奖。但是，这个东西就像凯恩斯主义一样，虽然是大腕儿，很多未来的问题不一定大腕儿的招就管用，有超越凯恩斯主义之说，所以也要突破克鲁格曼的学说。小城市发展到中型，几百万人口的城市，克鲁格曼的规律是能起作用的，因为它有磁力。经济学有一个基本原理，人、资源会向效率高的地方自然流动，这是基本的规律。所以大家为什么要来北京，在北京一块钱的效率一定比雄安现在一块钱的效率高很多，所以才形成了磁力中心。这个城市到了一定的规模是有拐点的，再往上走，负面的东西一定变成了最核心的东西，就是现在所谓的大城市病。比如说北京大家可以见到的污染、交通堵塞、水资源缺乏、房子住不起等，各个方面都紧张，负面的东西越来越多，使这个城市再往下发展的时候，成本反而比效益要高。这个就不能照搬权威，应该是超越一下克鲁格曼磁力中心的理论。大城市病是市场失灵在区域资源配置领域的表现。这个是我们现在要疏解北京这样的大都市，这样的思想的一个基础。

第三条理由，刚才讲到区域规划，这里面有一个明显的三角理论。现在说的大城市和大城市中间要相隔 100 公里左右，马车时代可能是 20 公里，高铁时代 120 公里可能是比较好的距离。为什么京津冀没有发展起来，而长三角、珠三角发展得很好？珠三角是香港、深圳、广州三角很和谐，周围是配套的；长三角是上海、南京、杭州，周围有一帮卫星城。京津冀则是北京、天津……有人开玩笑说，京津冀是“京尽冀”，到河北不剩什么了。尤其是北京，磁力中心的作用，大家看看周围的河北人，没有一人在河北待着，都跑到北京来了，就是因为吸力太强大了，因为它的效率高啊，城市化就是效率高才城市化。所以我们体会，现在在雄安，如果规划一个适当的城市，能够跟北京、天津形成三角城市和谐的构思，将会带动京津冀发展，前景看好。

如果京津冀形成了强有力的三角，这个小三角跟长三角、珠三角又形成了支撑中国发展的大三角。大家看为什么是“千年大计”，一个小小的雄安，激活了京津冀，从而更大范围上激活了中国大三角，就把中国梦实现了。这并不是开玩笑，实际上就是有这么个空间布局的思想在里面。小小的雄安，这么一个荒野的地方，农村三个县，承载京津冀战略重任，进而是完成中国发展大三角的关键所在。

从这几个角度来讲，为什么中央选这个地方，背后有很多的思考、智慧，这么去解读就能真正搞懂中央的意图。

但是这个地方有人认为可能不如珠三角和长三角那边的商业基因浓厚，这是一个非常大的问题。河北雄县那个地方，过去的人都是在倒古董，没有太多做生意的基因。在这种情况下，未来要想靠市场的力量来发展，费点劲。第二点，在座的，北京不知道谁愿意到那儿去，这是磁力中心的作用。我们一定要有一个反作用。我们一定不能忽视了中央领导直接干这个事的决心。一年不成，十年干成；十年不成，二十年干成。大家说市场力量是决定性的，不好提行政力量。我们认为，雄安这个地方就应该用行政力量，就必须要有行政力量推动。行政力量推动，如果把中国的经济振兴了，行政力量就不是力量吗？如果行政力量用去搞腐败，咱们必须要制止；行政力量推动了经济的发展，推动了民生的改善，推动了整个国家的强盛，行政力量为什么不能用？

我本人过去一直主张中国式混合经济，不是单一的市场经济。单一的市场经济，市场有失灵，体现在市场上失灵是这样，体现在区域经济发展的失灵，就是大城市病，就要超越克鲁格曼主义。

这是我个人的一些思考，跟大家分享，从这个角度来讲，我们非常看好雄安未来的发展，大家不要去质疑。

雄安未来朝哪个方向发展？将来中央会怎样规划这个事情，这个其实也讲得很清楚，用新的发展理念引领新城新区的发展。新的发展理念就五个词，第一个叫创新，第二个叫协调，第三个叫绿色，第四个叫开放，第五个叫共享。大家朝这五个方向去规划当地的产业，它就是未来发展的方向。

刚才说的污染企业，现在已经明确规定了，污染企业一律迁出，一律不让进，所以你到那儿搞一个钢铁企业，搞一个煤炭，想都别想。在那儿搞一个硅谷式的，搞一个“互联网+”企业，肯定是欢迎的，搞智慧城市，搞生态，这些行业在那儿肯定能发展起来，没有问题。它是领导人，用这么一块区域来验证自己的五大发展理念到底能不能干成。如果大家相信中国领导人的决心，我相信雄安新区一定能干成。到现在为止，还没有中国领导人干不成的事，方向就是五大理念，朝这个方向。现在大家知道，房地产没戏了，因为中央不愿意搞房地产，那个地方的房地产，人迁出去，人的户口没有，大家只是在那儿拿工作证、办照，可以给你企业优惠，可以给你各种各样的优惠，这就是方向，大家这样去解读的话，这个事就没跑，未来就是这些方向。

雄安新区实施肯定要有一个阶段性的。现在是顶层设计已经完成了，下一步国家发改委牵头做各种各样的规划包括园区的规划。比如说怎么搞地下城市管廊。规划一条北京到雄安的高铁，我相信这非常靠谱。还有就是那个地方，搞一些引水工程，南水北调那儿搞一个中枢站，这个他肯定会干的。肯定要做这些规划，这是第一点。

规划做完了，第二个阶段重点就是搞园区的开发。比如说建路、建房子、建绿地、建水、建地下的排水道；建通信设施等，这些东西都要开发的。第三个阶段，才是开始往里面搬迁入住。很显然，北京的行政机构不用去动员，因为必须听中央的。一些金融机构，大企业，现在说老实话，大家看新闻报道，我看着有点收不住了。现在不赶紧搬，将来排不上队，选不到好地段。你看几大银行，都是行长、董事长自己挂帅，当雄安的组长；大的企业都是一把手挂帅。搬满了，排不上队，可见中国行政力量配置资源的力量有多大。在这个基础之上，慢慢再来形成各种经济、产业的生态带。深圳也是这样，最开始是给政策，现在深圳已经成功转型为科技创新中心，原来深圳靠挣一点老外的钱，现在那边的科技企业都起来了，像华为、腾讯都起来了。雄安新区，现在你给它规划，说它未来是科技创新的地方，是硅谷的地方，都是符合它的方向的。但是将来这个东西咱们还得看，未来这个地方会不会有很多大型的企业在里面，还是需要稍微再往远了一点看。

大家可以看一下地图，北京、天津、雄安新区，正好形成一个三角关系，从布局的角度来看，雄安这个地方感觉发展就是缺了这么一点。

另外，有专家有一点测算，这个地方先期北京可能会疏解大概 500 万人的样子。总的投资规模，这是摩根士丹利的测算报告，15 年要迁完，形成一个基本的样子，人口按照每年新增 1.5 万人，总投资 2 万亿元，还能拉动经济增长 0.13%~0.19%，大体上就是这些吧。

以上这些，我们只能说是从我们个人的理解，帮助大家去解读现在这样的情况，未来的投资哪些方面会形成热点，或者哪些政策具体是什么，大家可以看将来公布的资料。咱们也不能瞎说，只能是帮助大家解读、分析，供大家做一点参考。

谢谢大家！

（资料来源：本文是作者在 4 月 16 日“东方红·宏观经济与金融市场沙龙”发言的整理稿，已经作者审定。）

六、如何看待雄安新区的投资机遇

卢　强

（东方证券资产管理有限公司）

内容提要： 4月16日在北京大学经济研究所、东方证券资产管理有限公司主办的“东方红·宏观经济与金融市场沙龙”首次讨论会上，东方证券资产管理有限公司副总经理卢强从资本市场的投资视角分析了“雄安新区的投资机遇”。卢强认为，“千年大计”雄安新区带来的公司成长非朝夕之事，是长久的发展，应该从长期投资价值的角度来看待雄安新区带来的投资机遇。

卢强：首先，跟大家分享一下我今天下午的收获，我简单说三个词：第一个词决非偶然。听了大家的分享，真的不是像大部分人知道的，4月1日听到雄安新区这四个字而已，其实由来已久，不一定是雄安新区，就是别的区，一定会做下去，各位学者专家应该都是中南海智囊层次的人物，跟踪了很长时间，确实决非偶然，我自已也觉得雄安新区就像刚才朱老师讲的一样，一定会雄起，不会出问题。

第二个词，高屋建瓴。今天一下午的分享，我们完整地知道了雄安新区要干什么，它准备怎么做，为什么要做，当然还学到了很多新的东西，如国际城市发展经济带等知识，非常非常好。

第三个词，也是我开始做我这个课题的时候想的一个问题，“一万年太久，只争朝夕”，这件事情对我们个人的影响到底有多大。说得正能量一点，我能在这个过程当中给它做一些什么贡献。说实在的，我算是赶上了浦东新区，1998年到上海，在我印象里，第一次去浦东的时候到处是菜地，远远不是现在的样子。20年过去了，发展非常之快，我相信雄安新区，我们能看到它的一些模样，根本不需要这么长时间。

换一个更贴近我们的问法，就是“我在这里能占到什么便宜？”刚才朱老师提到了，炒房子估计没戏，那个地方不会给你制度空间。但是现实恰恰相反，在4月1日我们听到这个消息的时候，我们在网上看到大量的信息是什么？高铁票卖光了，高速堵车了，正好碰到清明长假，大家都去雄安看房子，说去了一个什么人买一栋楼，最简单最直接的反应，我要在这里面占到一点什么便宜？这个机遇还能给我们带来什么，确实很远。当然，这么大的新区建设，千年大计，在里面一定有很多很多机遇，我们去开个厂，到里面做一些什么建设，离我们又很遥远，跟我们直接的关系是什么？这就是我们今天谈到的机遇。刚才已经讲到了很多大政方针的机遇，但是对老百姓来讲，有什么机遇呢，确实有，就在身边。

4月1日发布这件事，4月1日是周六，不开市，直接在整个清明长假，我们发现整个市场的情绪在酝酿若干个涨停板，果不其然，4月5日开盘了，直接做出来一个雄安新区的指数，到今天为止也就是15天，完整地说是7个交易日，12日开始特停，相关的板块104个相关概念的股票，超过7000亿元的交易量，这个板块的市值增加了4767亿元。

如果说大家觉得看这个指数不过瘾，我们来看看，如果我们不小心在4月1日以前买到这些股票，恭喜，你根本就不用费什么劲，到现在为止是70%~80%以上的收益，根本不用担心是不是该卖，热点就在这个地方，跟我们有关系吧。在座的各位有买到这四只股票的举个手，还真有，太牛了，你之前就买好了，还是涨停之后进去的，不讨论了，没关系，恭喜你。

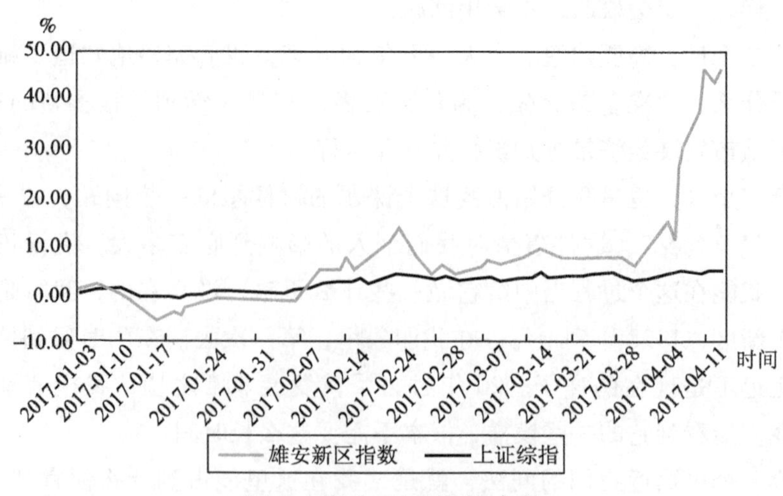

图1　雄安新区指数走势

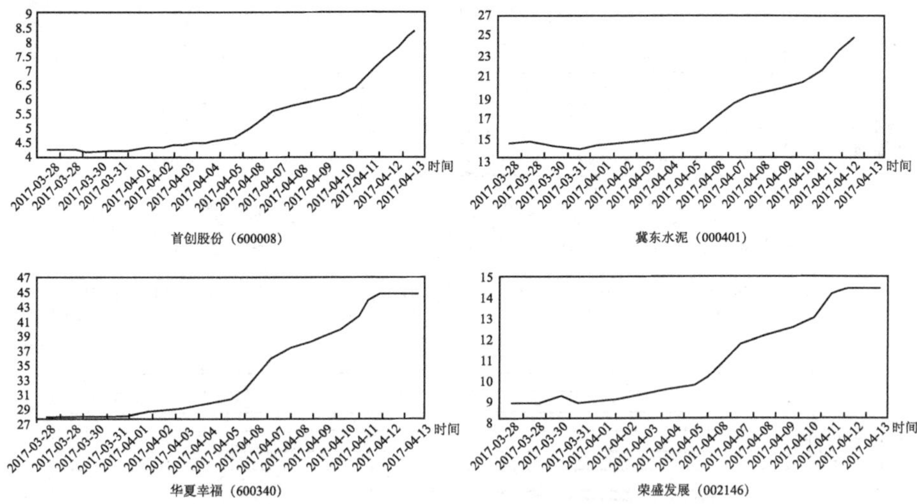

图 2　收益在 70%~80%以上的四只股票

就算我们在座的都买到了，现在该怎么操作？当然有人会说，千年大计，我就一直跟在里面，是不是可以？当然也可以，说真的，我们还有很多主题，雄安新区不是第一个新区，也不会是最后一个新区，更不会是市场一直的热点，另外这棵树不会一直长到天上。大家知道，12 日整体这个板块都已经出现了调整，涨停之后，明天重新开市，是不是热点还会继续，这些东西我们不知道，我们猜测不了，这也是非常重要的。

如果看这张图不是特别明确的，看一下这个，首创应该是这一拨雄安概念的最大受益者，几乎翻番，这是随便找了几只股票，这样的股票很多。冀东水泥连续六个涨停，华夏幸福在第一时间被曝出来跟安新县签了一个什么协议，当然他出来辟谣，整体来说，所有的公司几乎都出来辟谣，不会这么快啊，“千年大计”的事情，一下把所有的利好都释放干净，不太可能，活得一点一点干，你是不是适合进入雄安新区还得看，我自己觉得我不久的将来就会去雄安新区出差，网络传言，证监会会搬到雄安新区去。

华夏幸福（600340）
10个交易日
涨幅94.63%
时间
10个交易日
涨幅70.83%
时间
10个交易日
涨幅63.08%
时间
10个交易日
涨幅62.29%
时间

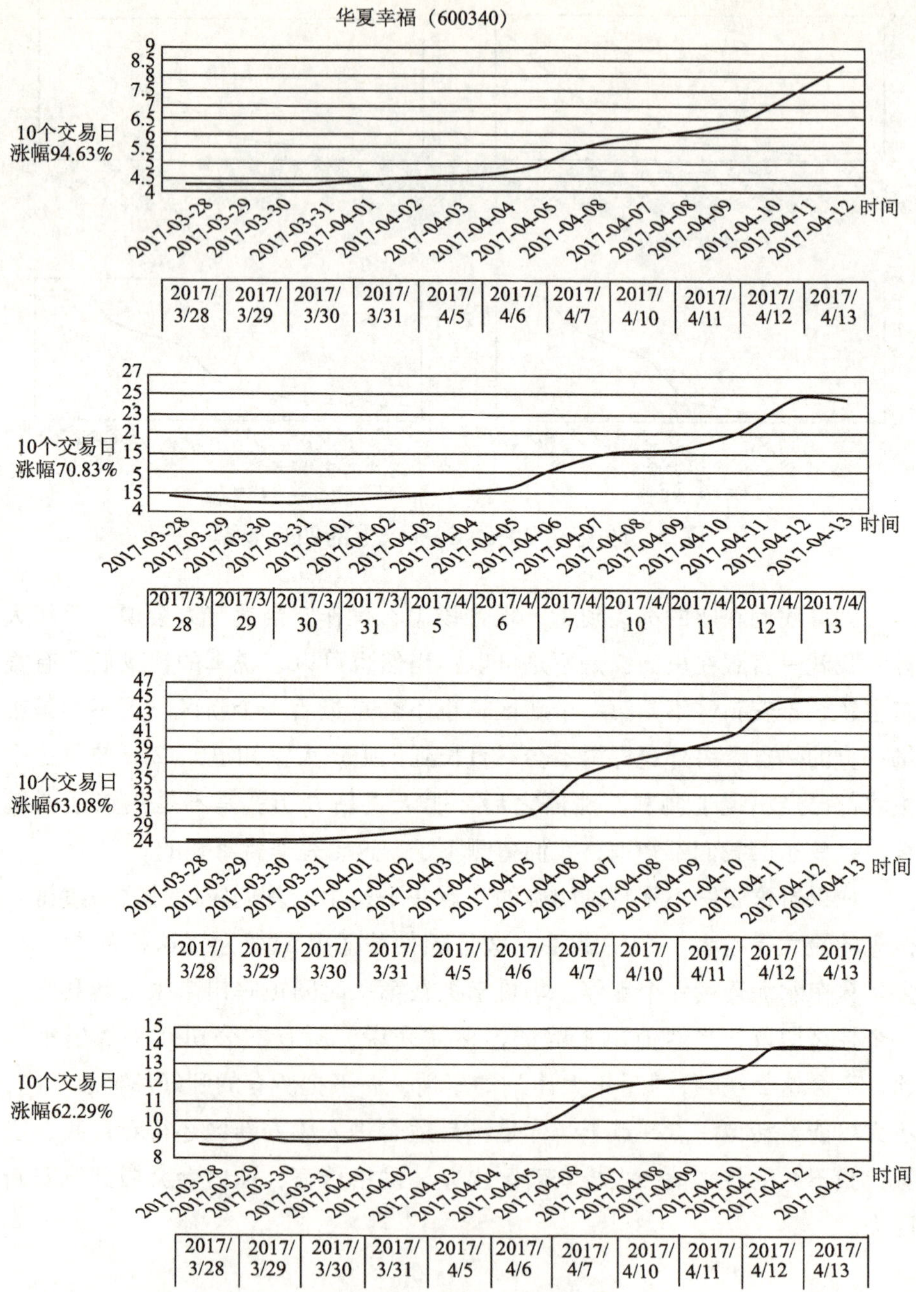

图3 四只股票的涨幅

当然，我想说的重点来了，像每个人都有过去一样，每只股票也是一样的，我们看到最近几个交易日，那几只股票凶猛地涨幅，真的是永远这样吗？真的不是，大家可能会发现，都是老股票，上市很长时间了，长期的走势并不是像这十几天这样。我们参与这个市场的时候，遇到的最大的挑战就是这个，我们成天看到有股票涨停，我就认为明天应该会属于我，最后发现不是这样。这个市场很有意思，市场上有一个段子，我跟大家分享一下，也许有朋友听过，“我就想不明白了，这个市场总跟我过不去，就盯着我的几千块钱不放，我一买就跌，一卖就涨”，所有炒股票的人几乎都有这样的心理感受，其实它给我们一个很大的挑战，这个市场未来不可预测，我怎么可以赚留下来的钱，我就从这个地方展开。

图 4 是华夏幸福的股价走势，我觉得可能北京的朋友了解这个股票更多一点，这是正常的，对个股来讲，价格围绕价值上下波动，永远是这样的，不会出现偏差。我们要经常回头想一想，我们的常识是什么，更多的时候，让我们投资胜出的东西就是常识，而不是那些特别大的，重大的历史事件给你造成的影响，长期会有这样的影响。

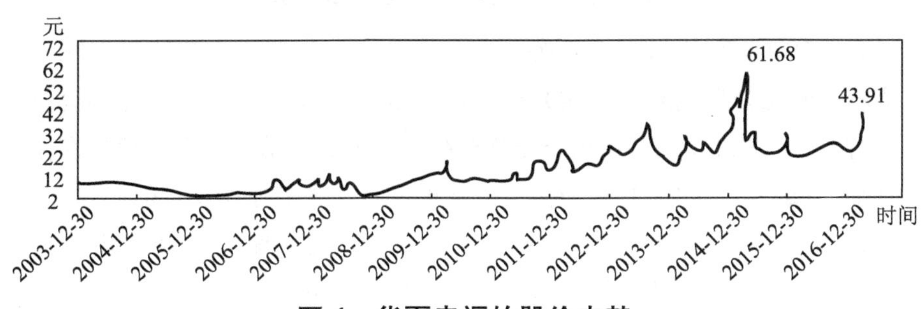

图 4　华夏幸福的股价走势

我们再来看一张图，图 5 很有意思，这张图走得还不错，波动比刚才那些股票要小一些，当然也有波动，东方红权益类主动管理产品，我所在的公司，从 2005 年 6 月 24 日开始到上月末为止，加权的收益率，12 年接近 17 倍，这十几年，如果我们发的每一个产品，你都买入等额，到现在应该是 16.92 元的水平，这个收益不知道大家有没有想过，我们自己参与这个市场有没有挣到这些钱。有一个人，巴菲特，他的年化收益率可能是 20%左右，已经成为世界首富了，当然它的时间更长，我们真的是享受到了中国证券市场蓬勃发展的春天。这张图确实还不错，为什么可以做到这一点，我们投的股票波动那么大，到现在为止，很多股票不是新高，为什么我们在新高附近，我想重点跟大家分享这个事情。

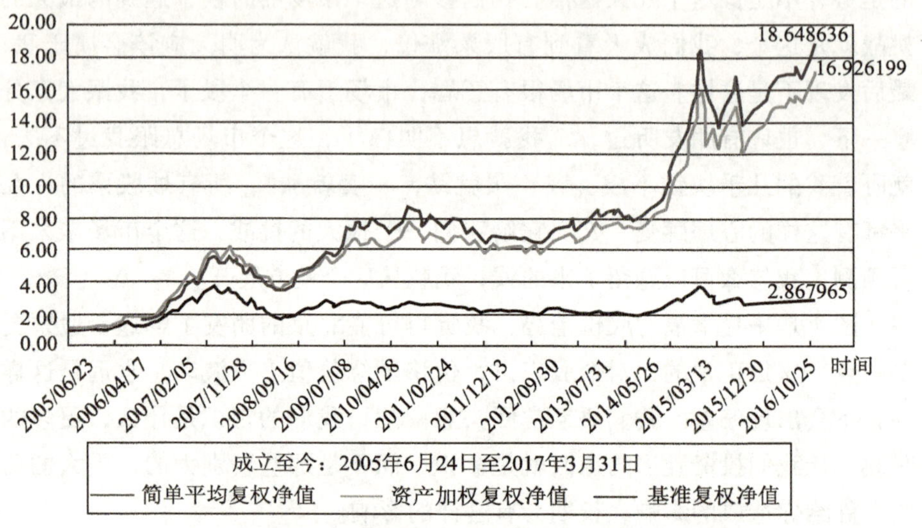

图5　东方红权益类主动管理产品的加权走势

简单来讲，我们做四个业务，定向、公募、集合、专项，跟大家相关性比较高的是公募基金，在这儿稍微展开一下。我刚刚致辞的时候也讲到了，时至今日我们发了20几个公募产品，400多亿元的规模，相信在座的朋友都买过基金，按照基金业协会去年的统计，自有基金18年以来，算了一下，从2001年开始，到2016年的年中，开放式偏股基金年化收益率17.47%，大家听着好像不怎么样，确实听上去不怎么样，如果你给它复利，18年18倍，大家都在做投资，真正谁能做到呢？确实很少。我们发现一个问题，这18年18倍没有多少人能够挣到，当然，另外一个盈利手段就是分红，这一块儿大家一定要注意，分了红之后，千万不要觉得这个收益不在。基金管理人一共有123个，券商是12个，保险有1个，产品已经有4000只之多。我们还有一组非常惨的数字要跟大家分享（见表1），这几个数字不知道大家有没有朋友知道，我可以简单地跟大家分享一下，-34.85%、-28.84%、-28.40%，这是离我们最近的三个股灾的跌幅，这个市场原来是这么残酷，虽然有那么好的收益率摆在那个地方，如果你参与错了这个时点，可能压力也非常大，参与起来一定要谨慎，确实如此。

图 5 是一个所有产品的收益率的表现，我再跟大家说一个离我们更近的东西，东方红现在是存续时间最长的产品。东方红 4 号，2009 年 4 月 21 号成立，到 2017 年 3 月 31 日，整个区间的涨幅，开盘是 2523 点，最高是 5178，最低是 1849，收盘是 3222，区间最好回报是 511%。我们用了什么样的方法做到了这一点，超出市场这么多的水平，真的是把挣到的钱留下来了吗？其实最好的方法就是价值投资。这个词在国内并不是很正面的词，大家总觉得国内市场没有做价值投资的空间，很多人说做价值投资，最后的结果都不是很出彩。确实是这样，我们分析了一下为什么，后面简单跟大家分享一下。

表 1　三次股灾的概况

股灾日期	2015/6/12	2015/7/9	2015/8/18	2015/8/26	2015/12/23	2016/1/4	2016/1/27
股灾日特征	指数最高点	下跌最低点	下跌开始	下跌最低点	下跌开始	第一次熔断	下跌最低点
上证综指点位	5，178.19	3，373.54	4，006.34	2，850.71	3，684.57	3，295.74	2，638.30
区间涨跌幅%	-34.85		-28.84		-28.40		
交易天数	19		7		25		
区间日均成交额（亿元）	8，234.22		4，933.05		2，457.06		

注：大盘在 1 月 27 日午盘开盘后 13：07 创下的 2638.3 点的低位，资料来源于 Wind。

三波股灾，刚才跟大家说了 34%、28%、28%的跌幅，我们在里面完全受到了冲击，但是可喜的是去年 8 月 9 日开始，东方红的产品开始陆续创历史新高，意味着我所有的持有人如果拿到现在都在挣钱，这一点难能可贵，真的很不容易，大家如果自己有买产品的话，可以看一下。

在坚持价值投资的同时，我们在做逆势的布局。逆势这个词跟价值投资很有关系，大家可以看一下，我们一直在说，做资产管理的人最大的困惑就是倒三角形的资金来源，在市场高位的时候，有无数的钱想给你，你自己知道，你拿到它很难做超额收益。在市场比较差的时候，我认为有大概率可以拿到正收益的时候，没有人给我钱，我遇到过这样的挑战，但是我们一直坚持在做我们认为正确的事情。比如说我们可以看到，2015 年 4 月 7 日，我们发出了市场上这一轮牛市首支百亿基金，在此之后，我们暂停了所有的权益类新产品，直到 7 月 8 日，是股灾 1.0 见底的日子，实际上我们当时并不知道，但是我们还是相信国家救市的力度，我们再次启动首发，一直逆势布局，其实非常不容易，我们在去年的 7 月 28 日，那一天卖了 63 亿元，三年封闭的权益类产品，这周一，4 月 10 日，我们又发了一个新产品，也是一天卖了 15 亿元，一直在做类似的事情，它跟我们的价值投资很有关系。我们坚持长期的价值投资，它到底在做什么？大家一听就知道，价值投资真的都可以做，价值投资就是五个字“便宜买好货”，再说简单一点“买好的，买得好”。

刚才提到便宜买好货，我们实际上是在选好公司，包括雄安新区的股票，我们一定会关注的，这么大力度的投入，对它的影响一定多，短期这么疯狂，我是不是一定参与在里面，不重要，尤其是 4 月 1 日以前，我们还不知道新区事件的时候，我能直接买进去，几乎是不大可能的，但是后续一定会坚持做这件事情，这是确定的。市场不可能长期漠视一个企业的成功，明天的市场怎么走，2017 年怎么走我可能判断不了，但是某一个公司是不是能做得好，是不是能把握住这次机遇，是不是能在这次的主题里有更大的收益增长，这一点是可以去尝试确定的，我们其实就在做这件事情。找到好货，刚才说到的“买好的”，其次就是“买得好”，是什么意思呢？就是一定要有合适的价格，总的来说就是要便宜，这个便宜并不是一分钱就比一毛钱便宜，这背后的基本面非常非常重要。行业里面还有一个段子，说中国的土豪在资本市场输钱输得最多不是在国内跌了 73%，而是第一批土豪出海去香港市场，在国内五块钱以下的股票都找不着，因为只要是够烂就一定会资产重组，只要有资产重组就一定会暴涨，没有人让它跌得更低。第一批土豪在国内挣了钱以后去香港发现，这个地方遍地黄金，一毛钱，几分钱的股票大把都是，买进去吧，不好意思，看着他从几毛钱跌到几分钱，香港的市场有一个东西叫缩股，然后十股缩一股，又回到几毛钱，再跌到几分钱。便宜可能不是绝对价格这么简单了，很有技巧。

其次，避免过度自信，每个人都习惯过度自信，这件事情很正常，简单地说，过度自信有什么表现呢？频繁地买卖就是过度自信，因为什么？大家觉得这有什么，我做操作这是很正常的，但是你做每一个操作背后的逻辑是什么，一定不会是你认为它错你才会做，一定是你认为它正确。如果你频繁推翻过去的结论，用新的结论替代它，是不是就是过度自信的表现呢？其实就是这个意思。所以说，我们自己一再地暗示自己，不能过度自信，不要去预测很多大政方针的东西，未来的经济会怎么走，它对市场的影响会是什么样子，2017 年年底的指数，会不会见到 4400 点，这些东西都没那么重要。相对这些东西来讲，单个公司比较容易把握，这是我们持续做的事情，它也给我们的产品贡献了足够多的收益。

逆向思考，刚才我们说了我们有很多逆势布局，实际上就是逆向思考，被市场冷冻了的地方会有大机会。比如说今天，雄安新区火了这么长时间了，这个点位该不该进呢，大部分人会，这么短的时间，七个交易日，90%涨上去了，我还能往上冲吗？你可能会看错，没准明天开始又是连续涨停。这个时候，稍微有点理性的人就会想，已经涨了 100%了，他随便一调整，30%~40%下来了，我那时候参与是不是更好呢？

这些问题都解决了以后，你遇到最大的挑战，就是它什么时候表现，并不是所有的股票都会遇到雄安新区这样的题材让它短时间爆发，当然，价值可能会迟到，但是不会缺席，一定会表现出来的，至少我们买一只股票的时候，是按照这个理念买进去的。比如大家可能知道我们买过万科。当然，它最近这次价值回归并非经典的方式，大家知道是被资本攻击，但是它只是其中一个表现而已，换言之，如果没有这个攻击，万科也一定会有很好的表现，只不过我们拿的时间更长一点。就像我跟大家说的，每天市场里面都有热点，每天都有涨停板，为什么不是我，我需要做什么？我需要去追它吗？还是我坚守我自己的逻辑，等它恢复，我们选择的是后者，因为一般情况下去追，往往会追错。

当然，买完了，坚持完了，价值恢复了，什么时候卖，其实逻辑很简单，价格上来了，或者你判断错了，这个时候就该卖了，价值投资就这么简单。但是价值投资知易行难，为什么知易行难呢？它无法坚持，所有人都希望我今天买了，明天就涨停，很正常，为什么别人的股票可以涨停，我就不可以涨停呢，确实如此。短期的业绩没有保障，很多人认同它，但是参与不了，尤其是目前资产管理行业，大部分是看相对收益，每天都在比谁跑得更快一点点，谁比谁跌得更少一点，没办法，我只能去搏短期。另外，确实也是制度问题，所有公司高管可能都是三年任期，我只有三年任期，怎么可能给一个基金经理超过三年的时间呢，我不会给你更长的期限，只能比短，确实有这个问题。从客户的角度来看也是，符合人性，我买了你就希望尽快挣钱，确实如此，确确实实很难坚持。我刚才也说了，通过我们的实践发现，价值投资在中国长期有效，就因为刚才这些问题，所有人都做不了，这就是人少的地方，就可能出现奇迹，在东方红身上就有这个实践，我们很容易就可以买到被显著低估的价值股，这件事情我们已经尝到了很多甜头。

从东方红的角度来讲，我们是有我们自己的价值投资基因的，为什么能坚持到今天。比如说我们刚才讲的，现在的董事长从 1998 年开始在公司，一直做总经理十几年，全行业都没有的，非常非常少，另外不以规模为导向，最火的时候我选择的是不发新产品，满意的客户在合适的点参与进来，摒弃短期的考核，我不看你短期，你短期业绩不好我都不怪你，我们看的就是三年、五年，更长的时间，能给客户赚更多的钱，在东方红有一支非常稳定的价值投资的团队，我们用价值投资的方式做投资，我们用价值投资的方式做销售，都很开心。对销售的考核是客户参与的加权成本，举一个最简单的例子，5000 点参与这个市场，不好意思，现在你已经输了 2000 点，如果你在这个市场参与进去，回到 4000 点，你就已经挣了一千点，就是这个意思，我们就是要让客户在低位，最难受的时候，在不被普遍情绪认可的时候参与进去，然后给大家赚取大概率挣钱的收益。当然 3000 点了，会不会到 2000 点，会有可能，这种东西我们去预测没有意义，也不一定市场从三千点到两千点，我就一定亏钱，并不是这样的。

最后，给大家推荐一本书，这本书非常非常重要，《投资最重要的事》。

也不多说了，从我自己的角度来讲，分享给大家几点：第一，不要根据市场的一致判断作为投资依据；第二，熊市不布局，牛市是用来亏钱的，2014 年底，2015 年初花几千元买进去试探一下，到 2015 年 5 月、6 月把身家放进去，到现在很惨。选择长期业绩优秀回撤小的品种，可以一直让你挣能留下的钱，价值投资在中国长期有效。

主题很多，更重要的对我们而言是穿越主题迷雾，投资是一辈子的事，我们要一起走很久，谢谢大家！

（资料来源：本文是作者在4月16日“东方红·宏观经济与金融市场沙龙”发言的整理稿，已经作者审定。）

养老金融

第二期：(2017.6.24)

有专家预计，到 2035 年中国 80 岁以上的老人将达到 8000 万人左右，中国将步入超老龄社会。无论上述数字是否准确，可信度有多高，中国的老龄化问题、养老问题毋庸置疑的已经引起各界的关注。“养老金融”的发展是养老产业的趋势。因此，本节主要是围绕与“养老金融”有关的制度设定、发展趋势、监管缺陷等问题进行阐述、讨论。

一、养老金融的产品创新

姚余栋

（大成基金副总经理兼首席经济学家、中国人民银行金融研究所前所长、中小银行发展论坛秘书长、中国直销银行联盟秘书长）

内容提要：首先，本文认为我国到2035年要进入超老龄社会，老龄化陷阱是中国经济未来面临的最大威胁之一。其次，本文介绍了养老金顶层设计三支柱。第一支柱是保障全民的社会安全网，需要誓死捍卫。第二支柱应该推广自动加入，让更多的企业职工参与。第三支柱是养老的长远之计，也关系到中国经济的繁荣和稳定，应该尽早建立。最后，本人还认为个人是不能止损的，主动投资未必是最佳的，养老金融应开发被动产品。

本文将从以下几个方面讨论养老金融：

第一，超老龄社会。我国到2035年要进入超老龄社会，标志就是80岁以上的老人大约有8000万人。现在65岁以上人口直线上升，2035年以后将进入长期的老龄化平台期，到2070年才可能下降。所以我们的平均年龄也在上升。比如说到2049年，平均年龄是49岁。超老龄社会是不可避免的一个社会现象，三个人当中，至少有一个是老人。

还有一个紧接着的问题，即老龄化陷阱，是人民银行副行长陈雨露提出来的，那么是否存在老年化陷阱？典型的索罗模型认为人是永生的，生下来以后永远在工作，实际上不是这样的。其中，有一部分人是逐渐变老的，变老以后便不再储蓄。越来越多的人在社会中不再工作，不再储蓄，但是仍然占有社会资本，会带来什么结果呢？人均资本下降，这就存在老龄化陷阱。经济的TFP增长可能抵抗不过老龄化的速度，经过测算，TFP全要素生产率必须大于1%，才有可能逃出老龄化陷阱。如果人口特别老，还必须创新，两者就是矛盾的。

日本经济是否跌入了老龄化陷阱？是，但是日本经济是不是创新型经济呢？是。这就矛盾了。日本是每年贡献一个诺贝尔奖，日本由于老的速度比创新的速度还快，所以逃不出黑洞。日本经济是一个超老龄社会。同时也是一个创新型的社会，他的创新型可能比美国差一点，但比欧盟强，但是因为越来越多的老龄化人口占用了社会资本，以至于 TFP 难以逃出陷阱。这个陷阱普遍存在，欧洲地区或将跌入老龄化陷阱。

怎么逃脱老龄化陷阱？我们能不能逃脱？我们是不是类似于跟日本经济一样的宿命？我们现在的年龄结构很像 1985 年的日本，日本比我们老了 30 年，富了 30 年，我们 2035 年将进入超老龄社会，而日本大约在 2005 年已经进入。超老龄社会很重要的标志是老年人需要的尿布数量超过婴儿。

我们惯例上认为老人早年储蓄，晚年消费，但是现在存在一个问题，你预计不了自己的寿命。如果按过去中国提高预期寿命的速度，我们到 2049 年的时候，预期寿命应该在 90 岁。由于对生命长度的预期具有不确定性，老人在消费上比较谨慎。统计数据表明，65 岁以上人口的消费增速在下降。一个社会中的老年人越来越多，而老年人的消费速度在下降，就会造成产能过剩，经济最终会停滞。老龄化陷阱是中国经济未来面临的最大的威胁之一。因为我们不可避免地会进入超老龄社会，而老龄化陷阱这种威胁长期被低估。20 世纪 80 年代美国有一点老龄化，但是很快就恢复了，因为生育率上升了，大约为 1.8，而我国是 1.2，即使放开二胎，似乎也不可能回到 1.8，更不要谈 2.1。1.8 生育率的社会略显老态，1.2 是迅速老龄化，这意味着我们将面临超老龄社会和随之而来的老龄化陷阱，老龄化陷阱很重要的一点就是经济的停滞。为什么日本进行了 QQE 操作，但是它的复苏还远远不如美国和欧洲？本人认为主要是因为老龄化。

第二，养老金顶层设计。我国养老金设计搞了三个支柱，这是很不错的。欧洲地区也只有两个支柱，而没有个人账户。智利是一个支柱，账户都在一起了。三个支柱比较适合中国，但也有一些问题。

第一支柱，省级统筹的社会养老保障。当时没有设计全国统筹，再想全国统筹，就遥遥无期了。这么大的国家，全国统筹会怎么样呢？年轻的省份，年轻人多的省份，养老金比较充足，年老的省份有 8 个已入不敷出，如黑龙江省很快就要寻求社会保障基金的支持了，这相当于是备付金。省级统筹之后，如果要搞全国统筹，就会有一个道德风险，比较宽裕的省份，可能就不积极去收钱，所以省级统筹也是很难的。

另外，20%的社会账户和8%的个人账户放在一起了，结果会出现什么？当20%的账户不灵的时候，就会占用那8%的账户。20%和8%的账户在一起已经不可更改了，一定会出现20%社会账户占用8%个人账户，8%是虚拟的，中间有不足就先满足老人，那8%先欠着。我国养老缴费在全球也是比较高的，本人2016年开始呼唤，把第一支柱缴费再降一点，有的地方降了，有点来不及了，因为有八个省份都出现了不足，不足的省份是不能降的。像广东这样相对年轻的省份还可以降低，减轻企业负担，但是降的空间已经越来越有限了。人口变得越来越老了，能降则降，但是如果出现未来不足的，是不能降的，因为要保证安全。

为什么第一支柱对我们国家这么重要？西南财大的甘犁主任通过社会消费调查发现，如果没有第一支柱，没有普通的养老金，我们跌入绝对贫困线的人数会暴涨到30%。我们现在贫困率是比较低的个位数，如果没有社会的医疗，贫困率会再涨20%。所以，第一支柱就是社会的安全网，意义非常重大，否则的话，很多退休的人员会陷入贫困。第一支柱也会出现缺口，但是我们将来还是有办法的，至少还有一些国有资产的收益来补充，可以提高一些投资效率来补充。第一支柱一定是要死死保卫的，因为它是保障全民的社会安全网。当然，顶层设计当中还有不少需要反思的地方。

第二支柱，是企业年金、职业年金，十年只有一万亿元，太少。为什么才有七万多家企业交？企业出工资总额的4%，职工担4%，似乎激励不够大，整个才8%，不是特别足够。现在职业年金也开始实施了，职业年金很多还没有进行市场化、专业化的理财投资，全国社保很成功，每年的收益平均在15%左右，资产配置非常好。第二支柱的钱，越早委托就越好，比如说委托全国社保或者是委托别的机构，千万别整成都是定期存款，这个钱还有很多在“睡觉”，这是比较急迫的事情。

第三支柱，是个人账户。第一支柱里面的8%某种意义上来讲也是个人账户。关键在于什么呢？怎么样做成支柱呢？有两点：第一点是自动加入，第二点是税收递延或者是抵扣。“自动加入”是最近被养老界普遍关注的。为什么呢？金融行为学告诉我们，人是不能止损的，特别主动往往都是亏钱的，70%的股票，频繁交易的，往往都是亏钱的。“自动加入”就是不要让他特别明显地选择，适当有一点强制性，这样他以后就不会退出了。有了自动加入以后，就能扩大面。真正让他自己主动选择，他往往选择不了，没有这么大的辨识度和认识度。

另外，要有一个激励措施，就是税收递延或者是抵扣。我国的税率在全球范围内是最高的之一，达到了北欧税率的45%这个档次，可否一次将所有税率档次下降8%，但不是真正的减税，而是将税收强制性充实到第三支柱、个人账户？本人认为不用担心减税，减税本来就应该减，如果一时做不到，要寻求共识，能不能所有档次的个人所得税全部下降8%，下降8%以后，将在未来源源不断地给第三支柱提供长钱，长钱才能帮我们去杠杆。

一个是自动加入，一个是税收递延或者是抵扣，一次下降8%，或者是先下降8%，你退休之后，用当时的工资水平再递延一下，这两者都是可以的。只有这两者放在一起，才可以做实第三支柱。第二支柱为什么没做实？坦白地说，很多原因，其中一个是没有自动加入，要带有点强制性才行。第三支柱，事关我们养老的一个很重要的长远之计，也是关系中国经济的繁荣和稳定。第一支柱是保基本，死死捍卫第一支柱，才能做到替代率达到40%左右。第二支柱，要更多地推广自动加入，让更多的企业职工自动加入，不要完全选择自愿，自愿就不一定交了。同时把这个钱抓紧，让专业机构投出去，争取替代率达到10%。

美国的资本市场什么时候做起来的？智利是什么时候做起来的？一定是在养老做起来之后。因为从全球来看，对普通老百姓来说，他的第一需求是养老，这个占了资产配置的31%，1/3是养老；第二需求是子女教育，给孩子教育攒钱；第三需求可能是买房子。所以，养老是第一位的。把第三支柱、个人账户做起来之后，我们测算了一下，对一个年轻的员工，25岁工作，65岁退休，一个月交1000元，他退休的时候账户里应该有120万元，直到他去世每个月都可以领3000元。像本人2017年47岁，允许我交2000元，我退休的时候能有80万元左右，我也能够每个月有3000元。如果一个55岁的员工，还有十年退休，一个月允许交3000元，还有40万元。所以个人账户是非常重要的，个人账户是可以继承的，享受税收抵扣或者是减免的，同时，个人账户的投资是免征资本利得税的，我们资本利得税是 20%，这样进入了一个有点像信托账户似的，进入了以后，比如说即使是个人犯罪了，或者是有期徒刑了，但是那个个人账户的钱是碰不了的，退休之后还能有这个钱，所以是比较安全的。而且很多老人把钱存银行里，这还不如放在个人账户里，因为银行里面的钱子女总惦记，你放在个人账户里，到你退休之后按月提取，这样对老人的福利安全各方面都是非常好的。

个人账户是非常重要的，是我们养老体系设计的一个重要支柱，希望替代率能达 30%。第一支柱 40%，第二支柱 10%，第三支柱 30%，这样就是 80%，退休之前一万元一个月，退休之后能拿到八千元，大致相当于 OECD 国家，这样就有一个安稳、幸福的晚年，一直到生命的终结。第三支柱很重要，而且越早越好，为什么这样说呢？我们现在 A 股加入 MSCI，顶多才 6000 亿元。如果我们建立了第三支柱，我们测算了一下，因为我们国民财富大致是 GDP 的两倍，到 2020 年的时候，GDP 大约是 100 万亿元人民币，我们的国民财富 200 万亿元人民币，其中养老占 30%，即 60 万亿元人民币。60 万亿元中，如果我们假设配置 10%到股权投资，就是 6 万亿元人民币，远远超过了加入 MSCI，所以这就是长钱，只有养老来自长钱，只有养老能够帮助中国企业去杠杆。

所以本人认为，我们在迅速老龄化，我们的企业杠杆率又是全球最高的之一，达 150%，我们最大的诉求，最大的痛点是老龄，是养老。为什么不迅速把个人账户给建好呢？第三支柱的个人账户，建好以后，通过专业机构的配置，就能源源不断地为实体经济注入长钱，帮我们去杠杆。这里需要一个是自动加入，同时，税收递延或者是抵扣。

第三，本文要讲的是一个产品。在全球来看，主动投资未必是最佳的，因为个人是不能止损的，被动投资也未必最好，主动的被动也许是合适的，这就需要开发被动产品。我们现在的股票基金，债券基金，很多都是主动的，而在美国，现在被动产品 ETF 和指数基金，将在五年左右超过主动。举一个例子，巴菲特跟对冲基金打赌，他就投标准普尔指数，对冲基金最后认输。所以，我们需要开发，按照到期日、退休日领取这样的一个被动产品。

先锋集团，以前管的是一万亿美元，现在管四万亿美元的资产，主要是美国第三支柱，个人账户给的钱。比如说本人 65 岁退休，现在一个月存 2000 元，开发的产品要是告诉我 65 岁退休的时候，我能拿到多少钱，我有多大的风险，而这种产品往往是被动产品，一定要低成本，达到万分之几。

大成基金最近开发出一个产品，只有千分之五的费率，把不同的指数组合在一起，提供给老百姓。比如说我们组合上证 50，或者是债券指数，或者和海外的放在一起，收益率就比较高，低成本，才千分之五。对应市场上 Fund To Fund 是 15%，高了三倍，一般股票型的都在 15%以上，这个就是低了三倍。从全球的趋势来看，对应老百姓养老第一强烈诉求的产品，应该是相对被动产品，这种产品一定要非常低的成本，底层资产非常清晰，一定要让老百姓知道买的是什么样的东西，指数里面还包括什么。我们的养老体系，顶层设计总体是不错的，比日本强，比欧洲强，比智利强，我们是多层次的。现在第一支柱本人不是那么担心，可改的空间也是相对小的，第二支柱应该加强一下自动加入，和现有的职业、企业年金的委托投资管理，专业化管理速度要快一些。本人感觉比较迫切的就是第三支柱，越晚建立越被动，而这个对我们的宏观经济来说，非常重要，对我们将来有一个安享晚年的长期的社会保障来说，也是非常重要的。而实际上，税收未必减少，如果把个人所得税从 45%的边际税率下降到 37%，个人所得税会增加，不会减少。这 8 个点会进入个人账户，个人账户就会源源不断地给实体经济注水。

中国经济在新常态下增长压力依然存在，相信我们跨越中等收入陷阱是没有问题的，因为我们有人民币国际化。但是，跨越了中等收入陷阱，下面一个门槛是老龄化陷阱，而要想跨越老龄化陷阱，很关键的是要让我们的企业具有创新能力，要想有创新能力，就要把杠杆降下来，要想降下来，就只能发挥我们的优势，通过养老金融的合理配置，为实体经济注水。

所以本人认为这些改革看起来小，实际上意义很深远，也希望跟大家一道共同呼唤养老金融多支柱，特别是第三支柱，早日建立。

（资料来源：本文是作者在 6 月 24 日“东方红·宏观经济与金融市场沙龙”发言的整理稿，已经作者审定。）

二、如何稳步推进养老金融的发展

胡　迟

（国务院国资委研究中心）

内容提要：6 月 24 日在北京大学经济研究所、东方证券资产管理有限公司主办的“东方红·宏观经济与金融市场沙龙”第二次讨论会上，国务院国资委研究中心胡迟研究员就如何稳步推进养老金融的发展谈了自己的观点。胡迟认为，在养老金融方面需要加强监管，尤其事前监管是很重要的。

各位嘉宾下午好，今天咱们讨论的主题是养老金融，我以业外要面临养老问题人的身份来出席，来做一下发言和探讨。

（一）中国的老龄化问题

中国现在的养老问题，老龄化有两个特征：一个是快。国际上有一个统计，把 65 岁以上人口占总人口当中的比例，从 7%提到 14%时间的长短来看老龄化速度的快慢，时间是越来越快。在西方发达国家，他们统计时间大概是 40 年到 100 年这样一个大的时间跨度内，西方国家老龄化才出现，65 岁以上的人才达 14%，后来是越来越快。日本在二战后发展起来以后，这个过程是 25 年就达到了。有研究统计，中国这个过程差不多也是 25 年就完成了。以前我们讨论问题的时候老说中国快，讨论中国模式，中国快是什么快呢？发展快，我们常说我们在几十年的时间里，把西方国家几百年的事情都做了，现在看来是全方位的，发展浓缩了，另外，污染、环境问题也浓缩了。我们现在又很快就面临养老问题了。

一个是发展速度快，另外一个是量很大。有数据统计，中国是唯一一个全世界 65 岁以上的人超过 2 亿的，我们是唯一的。因为我们本身人口基数大，现在中国喜欢跟印度比较，可比性比较强，印度的人口比中国年轻得多，目前中国 65 岁以上的人口差不多是德国和俄国人口加起来的水平，而且这个过程还在发展。

尤其是我们现在面临一个重要的问题，因为我前一段时间到上海去过，上海是中国最发达的地区，政府官员接待我们的时候也谈到这个问题，未富先老，还没有富起来的时候，老龄化已经来到了，大家知道养老是一个花钱的过程。中国现在人均 GDP 现在统计差不多是八千多美元，发达国家都是几万美元的水平，我们要和他们一起同时面临养老问题，就很严重，未富先老，面临严重的养老金不足的问题。

目前养老问题谈论得比较多，我也有一些朋友在国外，我跟他们交流的时候也问过他们，都说中国从纵向来看，未富先老，其实跟发达国家比我们也有这个问题。我看过一些资料，美国、欧洲也面临这个问题。前段时间我看过一个报道，美国 60 岁以上的人很多人也很紧张，也不敢退休，也在延长工作的时间，我们现在是下一步退休时间是到 65 岁，有几个档，我听说美国现在差不多就是 65 岁退休，但是据说美国有一个退休的弹性区间，60 以后，到 62 岁你就可以退休了，如果在 65 岁之前退休的话，退休金就拿不到 100%，如果你能忍到 65 岁以后，觉得还可以干，也是弹性的，也可以不用马上强迫你退休，如果继续干的话，工资拿得还要高一些，在同样的岗位上高一些。但是这对雇主是一个考验，如果这个工作不是不可替代的话，你要再干，对他来说是成本增加，他可以雇一个更年轻可以做这个事情的人，但是这个制度是开放的。说美国最高的退休年龄是 72 岁，到了 72 岁以后，如果还能做，也要从法律上讲，劳动法上讲，也要让你退休了。所以美国的总统都是超期服役的，现在是特朗普，如果希拉里上的话，都是 70 岁，干四年，也是超期服役。

（二）中国的养老金融问题

从中国的情况来看，由于养老保险的问题日益严重，养老金融概念日益进入我们的视野。我最初听到养老金融这个概念，是有一次我坐出租车的时候，听到当时的中房总公司的总经理孟晓苏谈以房养老问题。当时我听了觉得还是一种新的概念，后面有一个报道，北大的钱理群教授采取了以房养老的措施，把房子交出去，在养老院住着，每个月的开销可以达到两万元，每个月消费两万元就很潇洒了，老了以后也没有什么其他的问题。但是我也看过一些节目和分析，他们说在中国以房养老有一个问题，跟国外有一个观念的不一样，因为中国的房子一般是要传给下一代的，特别是家里面有儿子的话，这个房子是要给儿子的。现在大城市的房价都很高，你要让孩子自己结婚的时候再买房，对他是很大的支出，父辈如果有房子传给他，对他以后的婚姻是会减轻压力的，这个制度在中国实施面临着这样一个问题，后来有一次北京电视台做讨论的时候，也讨论了这样一个问题。当然我们的金融形势还可以更加多样化，这个只是一种形式。

从时间跨度上来讲，我也做了一点功课，看了一下养老金融的界定，有些地方还不是很统一，但基本上是一样的。从西方经济学来看，养老金融可以用跨代的时间迭代模型来描述。现在虽然说养老金融，其实我们在 60 岁退休以前，已经在为这个做准备了。养老金融，有的专家把它分成两个阶段，60 岁以前，从 40 岁到 60 岁，这个是为以后养老来做一个资产的安排，说白了，就是准备这个钱。从这个意义上来看，我已经进入了这个年龄跨度，我们中间可能有不少人已经进入了这个年龄跨度。60 岁以前，你是为养老来筹资、融资做准备。到了 60 岁以后，一个是花钱，但是同时也不能完全是花钱，让资产运作增值，可能还是一个动态的过程。

从未来的发展来看，也有数字统计，美国现在现存的存量是有 24.7 万亿元的养老金，90%是用于投资。从中国的情况来看，有统计显示，目前的养老金的存量是 5 万亿元，到 2020 年可以到 10 万亿元，占 GDP 的比重才 20%。和 OECD 国家比，OECD 国家平均有 80%的比例，因为我不是做这个的，我没有更多其他的比较，我有点质疑这个数字，我觉得 OECD 国家有这么高，可能专业人士能证明这个数字的真伪，但是从中国的情况来看，目前这个数字偏低确实是无可质疑的。从未来的发展来看，确实养老金融在我国未来的发展空间还很大。

（三）对养老金融的几点建议

对未来养老金融行业的发展，从局外人提出的建议来讲，我有这么几点看法，还是在于产品的创新。目前养老金融还是以银行和保险的产品为主，但是这两个方面的产品，我曾经买过相应的产品，总体的感觉，养老的特点不足。这个产品也就是从一般的角度来存钱。

另外其他的产品，像基金、信托、证券包括一些新的网络金融产品，可能已经开始关注养老金融这个领域，但是还没有更多的产品进来，所以我觉得在这方面要加大产品创新的力度，我们有这方面的专业人士，可以更详尽地谈这个问题。我曾经看到过兴业银行搞了一个产品，叫“安愉人生”，那个产品，具体说是一个综合性的服务方案，应该是比较符合我心目中理想的养老金融产品。它把各种金融形式都包括进去了，达到了一种集成创新的目的，同时包括对老年人的服务，金融延伸到其他服务的领域包括老年健康，服务领域也是比较大的延伸，我看了一下资料，我觉得那个产品是比较好的养老金融产品。我只是就我有限的看到的信息来谈。一个是加快产品创新的力度，运用新的手段来丰富养老金融产品，给大家更多的购买的选择，我觉得这是从我现在这个角度能够提的第一点，未来的发展。

第二点，还是想谈一下，加强监管，这个话题虽然不是一个新的话题，但都是不会过时的。我记得有哪一位金融人士讲过一句话，他说：“一部金融发展历史就是一部血泪史”，血泪史主要是对投资人而言。咱们可以看一看这几年金融领域出的这些事情，特别是在非银行的金融方面，包括像我知道的民间的高息投资，我曾经接触了两个省：一个是四川省，另一个是河南省，我知道基本上损失是很惨重的，有点全军覆没的味道，包括 P2P 的领域，因为前段时间，我们受有关机构的委托，做过 P2P 行业的报告，我们跟踪到 2017 年 3 月，从目前来看，P2P 行业经过前几年，2013 年、2014 年、2015 年发展之后，这两年发展相对比较慢，但是未来的发展是可以预期的，前期监管不到位的恶果都出来了。从这个领域，一方面是产品创新；另一方面，监管领域要加强，还是很有必要的。每当看到金融案例，我都在想，如果事前能够有预兆，能够管控好，是很好的事情。比如说电话诈骗，都是事后再去抓那个人，其实钱没了。金融也是一样，我们看到这几年大的金融诈骗案，北京的 e 租宝，云南的泛亚等，想必大家都是很熟悉的案例，都是事后再来做，钱已经耗散了，对很多买这个产品的，其实很多也是老年人，其实这也是他们心目中的养老金融，也对他的一生都影响很大，包括北京前几年投资树木的案例，还请葛优打广告，很多老年人买了。咱们在金融监管方面，现在基本上没有什么事前的监管，都是事后的监管，造成的损失确实是很大的。

6 月 26 日是国际缉毒日，这两天放了很多缉毒的片子，我看了之后，引起了我的一些启发。在缉毒领域，从事前监管、事中监管的角度，缉毒领域做得还是很成功的。很多案子在毒品还没有交易的时候就能发现，总的比例我不知道，但是这种案子还是有的。比如说捣毁病毒工厂，交易的时候把毒贩子抓获。从这个角度来看，试想如果已经交易了，毒品已经散到消费者、吸毒人的手中去了，再把这个毒贩子抓到，这个意义就大大地减损了。加强监管，特别是在事前的有效监管方面，这是很重要的。

由于我个人的工作，我也在研究国有资产的监管问题，这些年国有资产的流失也是一个不能忽视的问题。从技术的角度来看，对照这个事前监管，我认为要事前有效地监管，从技术上来看，一个是对这些企业，监管部门要求他们做一个是信息平台，一个是信息披露。我知道 P2P 这些企业都有金融监管部门，事先要登记，要求公司把重要的事项要在平台上予以发布，对监管者来说，现在可以借鉴党查腐败分子巡视的概念，分片责任制，定期巡视这些企业，网上巡视，并不一定非要去，事先发现一些苗头，这是比较好的。

作为投资者来说，也要关心你自己的投资项目，因为有一些比较大的投资失败以后，我看案例的时候觉得比较奇怪，有些人投了几十万元，甚至几百万元的投资项目，居然出了事他都不知道。一方面可能是出于这方面的无知，不知道，另一方面是不是太有钱了，作为我来讲，要投一个几十万元的项目，我会经常关注这个项目的发展，很多人出了事情都不知道，我觉得这是投资者自己的盲目。

我从我自己工作的角度，针对今天的主题，我谈一点观点，加强监管，尤其是要加强事前的有效监管，从技术上来看，一个是对企业的要求，凡重要事项都要求事先予以披露，监管者加强监管的力度，参考巡视这种方法，对投资者来说，也要关心自己的利益，不要投了钱就不管，投资没有风险是不可能的。

另外还想呼吁一下，养老金融是因为养老问题而引起的，因为大家的钱不够，养老金不够，这是一种市场化的工具，是一个重要的补充。刚才我们也谈到了，现在在讨论退休制度，我也很关心这个制度，因为我也没有几年就会面临这个问题了。人社部一直在讲，2017 年年底会公布延迟退休制度，但要等五年，从 2022 年开始才开始正式实施。我个人的感觉，人社部还是很关心、很着急这件事情，但是在实施的力度上，我感觉有一些犹豫，不是很清晰。现在有一个问题，由于这个问题太复杂，而涉及不同人群的利益诉求是不一样的，导致了决策者在这个问题上犹豫，一直不能发布这个政策。我个人的看法，还是应该愿意早一步实施制度，对决策者来讲，应该按照时间早一点发布制度。从现在的角度来看，很可能我们所期待的，分步实施，分层实施，分类实施。从大的形势来讲，预期寿命的增加，面临养老金的缺口，我个人总的还是同意延长退休的制度，但是对不同的人是不一样的，有的人可能不愿意延长退休，有的人愿意延长退休，还是可以借鉴美国的弹性制度，分类、分层、分阶段来实施，适合延长退休的、有能力延长退休的，这部分可以让他们延长退休，但是这也是开放的制度。有些人、有些职业可能是不适合年龄再大再退休，就可以不采取延期退休制度。但延迟退休制度应该加快颁布，早一点实施，开始留一点窗口，有弹性地尽早实施。另外，是不是需要五年的等待期才能够正式实施？我没有找到相应的理由，这个问题也是和今天的讨论相关的。因为现在就是养老的钱不够，允许有能力干的人让他多干一会儿，也等于部分地解决了养老金问题，也减轻了社会和政府的负担。

（资料来源：本文是作者在 6 月 24 日“东方红·宏观经济与金融市场沙龙”发言的整理稿，已经作者审定。）

三、中国多层次养老保险制度与养老金融发展

孙守纪

（对外经济贸易大学）

内容提要：6 月 24 日在北京大学经济研究所、东方证券资产管理有限公司主办的“东方红·宏观经济与金融市场沙龙”第二次讨论会上，对外经济贸易大学社会保障学系副主任、副教授孙守纪对中国多层次养老保险制度与养老金融发展做了详尽讲解。文章从多层次养老保险的渊源和现状讲起，之后重点分析了第三支柱的发展趋势，最后提出了政策建议。

各位专家，各位老师，各位同学，大家下午好！今天我向大家汇报的题目是“中国多层次养老保险制度与养老金融发展”。

（一）多层次养老保险的渊源和现状

对多层次，在国外的文献，我们称之为多支柱，最早在世界银行 1994 年出版了一本非常著名的报告《防止老龄危机——保护老年人及促进增长的政策》，首次提出了“三支柱”养老金制度改革模式。

2005 年，世界银行出版了一本重要的书《21 世纪的老年收入保障——养老金制度改革国际比较》，在“三支柱”基础上提出了“五支柱”模型。我们看到“三支柱”和“五支柱”有哪些区别呢？增加了两个支柱：一个是零支柱，另一个是第四支柱，零支柱是零缴费的支柱。保险最基本的特征是缴费型的，只有缴费才可以获得相应的权益。零支柱就是零缴费，不需要缴费就可以获得相应的权益。零支柱主要有两种形式：一个是社会救助，只有符合一定的资产标准、收入标准才可以获取。另一个是普惠型的，只要年满 65 岁或者是 60 岁，符合居住年限都可以领取，无论收入高低，地位、职业如何都可以领取。世界银行提出零支柱就是解决终身贫困风险，很多人一生的收入都低于他的消费，这时候怎么办呢？通过基本养老保险，他没有缴费能力，无法获得保障，必须通过非缴费型的解决

终身贫困风险，减贫是主要目的。但是也有缺点，就是充足性可能不够。低保、社会救助等额的养老金，只能维持最基本的生活，难以维持正常的，体面的生活，充足性比较差。另外，会给被救助人员带来一些羞辱感，这是它的缺点。

除了零支柱，世界银行又提出了第四支柱，即非正规的保障，比如，家庭保障、邻里互助，我们常说远亲不如近邻，非正规保障可以弥补正规保障的缺陷。世界银行之所以提出“五支柱”，最重要的核心在于分散风险，因为每个支柱都能应对一些风险，解决一些问题，但是它会带来一些其他的问题，和不能解决的问题，因此必须多个支柱相互配合、相互搭配，才能更好地、综合性地解决老年人面临的风险。

中国的第一支柱是基本养老保险包括统筹账户和个人账户，第二支柱是企业年金，职业年金，第三支柱是个人储蓄、商业性的养老保险。按照五支柱划分，零支柱是社会救助、城乡居民养老金的政府补贴部分。第一支柱是基本养老保险统筹账户；第二支柱是基本养老保险个人账户、职业年金，主要是针对机关事业单位的职业年金；第三支柱是企业年金，个人储蓄，商业养老保险；第四、第五支柱是非正规的家庭保障等，这是中国的五个支柱。

可以看一下这三个支柱的基本情况。第一支柱，可以从制度模式、制度参数、制度改革三个角度来看一下。制度模式：社会统筹与个人账户相结合，对中国的社会统筹部分，三个主要参数是我们比较关注的，第一个是缴费，基本养老保险的缴费是单位缴 20%，个人缴费 8%，合计是 28%。另外就是抚养比，中国的抚养比大约在 32.5%，呈现不断增长的趋势，但是我们看到人口抚养比，2015 年是 14.4%，到 2040 年达到 40.1%，增长速度还是非常快的。第三个参数是替代率：养老金相当于工资的比例，目前大约是 40%上下，这是在十连涨的基础上才实现的。我们都知道，对现收现付的养老金计划，基本关系是替代率乘以抚养比等于缴费率。目前中国的老年抚养比不断上升，我们看到要保持这个公式的平衡，要么两个选择：一个是人口抚养比提高了，我们要提高缴费率，保持平衡。另一个是如果老年抚养比提高了，我们只有降低替代率。我们可以看到，目前缴费率是 20%+8%，这个缴费率已经非常高了，是世界上非常高的国家之一了，提高缴费率的空间非常有限。第二个参数，替代率是40%左右，世界银行推荐的标准，最低是40%，如果过低则难以保障老年人的基本生活。降低老年人的替代率，这个空间也是非常有限的。面对这个制度约束，人口抚养比的不断上升，如何保持制度的可持续是一个难题，参数式改革的空间非常有限，为此我们可能要做一些其他方面的改革。

比如说制度模式的改革，对制度模式的改革有很多争议，刚才胡老师讲了，争议特别多，核心的争议可以总结为两个方面：一个是个人账户是否需要做实，是否需要真金白银存上钱。二是账户的规模，是大账户还是小规模，目前统筹账户是20%，个人账户是8%，如果是大账户的话，我们建议所有的20%+8%都计入个人账户。而小账户，我们保持目前8%的水平不变，或者是8%的比例再降低一些。对第一个争论，大家共识稍微更多一些，因为三支柱：企业年金、职业金、养老保险，都是已经做实的、积累制的，对第一支柱的个人账户可能就不需要做实了。但是对于第二个争论，采取大账户还是小账户，目前学术界争论非常激烈，这也是中国改革面临的十字路口，怎么选择，如何选择，往左走还是往右走，大账户还是小账户，这是非常关键的问题。对具体的争论细节，我们就不细看了，这是第一支柱的现状。

第二支柱是企业年金，总体来说，企业年金可以概括为几个方面，制度模式基本上稳定了，政策支持不断优化，市场规模不断扩大，覆盖面小、参与率低、发展趋缓。可以看一下几个数据，建立企业年金制度的企业数据及占比，2014 年，全国的企业法人数 1000 多万，但是建立企业年金的只有 7.33 万个，占比是 0.69%，不到 1%。所有的企业当中，建立企业年金的企业比例是非常低的，不到1%！再看一下参保的人数，这是 2015 年的数据，在职员工参保人数是 2.6 亿人，参加企业年金的人数是 2000 多万人，占比 8%~9%，十个人当中只有一个人有这种企业年金。第二支柱的支柱作用还不是特别突出，覆盖面太小了，参保人群太少了。

第三支柱主要是以商业养老保险为主，个人储蓄为主，还是处于自发状态，中国没有正式的第三支柱的养老保险计划。在国外普遍是第三支柱的养老金计划，美国最著名的就是个人退休账户 IRAs，加拿大有注册养老储蓄计划、注册养老收入基金、免税储蓄账户，即使在德国，比美国要差一些的国家，也有里斯特养老金计划、吕路普养老金计划。发达国家普遍建立起了第三支柱个人养老金计划。

（二）第三支柱的发展趋势

对第三支柱可以看一下数据，美国个人退休账户的资产规模，目前接近 8 万亿美元，在整个退休金资产的比例是 30%左右，个人账户第三支柱的发展速度是非常快的，规模是非常大的。对第三支柱有几个趋势：

其一是发达国家普遍建立起了专门、独立的第三支柱养老保险计划，我们前面举的例子是美国、加拿大的，其实我们知道英国、加拿大这些英美法系国家金融市场比较发达，第一支柱待遇水平比较低，因此第三支柱普遍比较发达。但是我们可以看到法国，这些欧洲大陆国家，他们金融市场相对落后一些，第一支柱待遇水平相对比较高，因此第二支柱、第三支柱普遍不发达，即使在这种情况下，他们也建立起了专门的第三支柱养老保险计划，非常值得我们借鉴。

其二是普遍重视对非正规部门人员的覆盖，无论是第一支柱还是第二支柱，是保险型的，只有缴费才可以领取，社会上有很多灵活就业的人员，没有雇主，没有雇主缴费，很难建立起第二支柱的企业年金，也很难参加第一支柱，很多时候，第三支柱就成了他唯一的养老保险保障计划，对于一些非正规部门人员非常重要。

其三是税收激励比较灵活多样，普遍重视税收激励政策。

其四是制度设计灵活多样。我们可以看看它的灵活性，它的灵活性体现在以下几个方面：

一是参保群体的灵活性，第三支柱既是高收入人群收入的补充，也是低收入人群的唯一收入来源。对高收入人群，基本养老保险加上第二支柱很难以满足他们退休后体面生活的需求，第三支柱对他们来说是一个有益的补充。而对一些低收入人群，他们没有机会参加基本养老保险，没有机会参加企业年金，这个时候第三支柱养老保险成为他们唯一的一项退休保障计划，因此对低收入人群、灵活就业人群非常重要。

二是缴费方式的灵活多样，可以按月供款，延期领取，也可以趸交款额、即期领取。

三是雇主责任的灵活性。对第三支柱的个人账户，分两个类型：一个是个人型的，只有个人缴费，没有雇主缴费。此外还有一种类型——企业型的个人账户，企业也提供缴费，像美国最典型的简易员工养老计划、工薪减税简易雇员养老计划、员工储蓄激励匹配计划。一个期待领取雇主给你提供养老金的员工是一个好员工，是一个敬业的员工，是一个高效率的员工，很多企业愿意为员工的养老金计划提供缴费，但是我们知道，企业年金的成本比较高，链条比较长，雇主的责任比较大，因此很多种小企业难以建立企业年金。对第三支柱的养老保险，我们可以说对于雇主的责任非常小，非常轻，只要他履行缴费的责任就可以了，没有其他责任，很多企业愿意为雇员的养老保险计划提供缴费，只需要提供缴费，这是对雇员很好的奖励。企业收益好的时候可以多缴一些，收益不好的时候可以少缴一些，非常灵活，非常适合中小企业。

四是税收政策的灵活性。我们看到在一些国家，有自己的税收补贴，最典型的是德国的里斯特养老金计划，政府按照一定的标准，按照子女的数量，按照年龄给你提供匹配供款，政府给你缴费。另外有税收优惠、税收减免，有 EET 模式、TEE 模式，可以适合不同的群体。

五是产品形式的灵活性。可以有保险形式，银行、证券公司、基金公司、信托公司、资产管理公司，都可以参与第三支柱的养老保险的投资和管理。比如说德国里斯特养老金计划，有几个类型——里斯特养老保险、银行储蓄计划、基金储蓄计划和住房里斯特计划，产品形式灵活多样，适合不同人群，可以自由选择。

六是投资方式的灵活多样，既可以委托专业金融机构负责投资，也可以自己选择金融机构投资的默认投资，还可以选择自主投资，投资产品也灵活多样包括股权、债券、艺术品等都可以作为选项。

前面我们讲的是养老保险的缴费和投资阶段，此外还有第三个阶段，就是领取阶段，我们知道养老金领取的产品形式多样包括年金产品、分期领取和一次性领取。老年人在领取的过程当中会面临一系列的风险包括长寿风险、投资风险、通胀风险、低利率风险等，我们可以看一下，我们选择有很多，不同的选择会有不同的风险，会有不同的特征。这时候，老年人就需要做一个综合的、全面的评估，来评估自己的风险承受能力、自己的需求特点，在一系列产品中做出自己的理性选择。

（三）对养老金融发展和领取阶段的政策建议

对促进养老金融发展和领取阶段的政策建议，我们给出以下一些想法：

第一，完善税收政策，鼓励分期领取和购买年金产品，年金产品的最大好处就是可以应对长寿风险，对很多人都是低估了自己的预期寿命，最通俗的一句话，“人活着，钱花完了”，这是很痛苦的一件事情。年金产品能够很好地应对这种长寿风险。

第二，发挥政府的引导作用和机制创新，建立年金产品交易平台，建立信息透明、竞争激烈、产品丰富、服务完善的年金产品集中交易机制，最大好处是降低产品的费用。

第三，为保险公司开发年金产品提供制度基础设施建设包括设计长寿债权，更多地和通化膨胀挂钩的债券，更好地应对老年人的长寿风险和通胀风险。

第四，加强政府监管，前面胡老师说了很多，建立审慎稳健的监管政策，建立破产担保机制，防止老年人年金产品、退休产品遭大的损失。

第五，加强退休人员金融知识教育，提高其风险意识，增强管理长寿风险的能力。很多调查显示，老年人作出金融决策的时候面临很多问题，比如说缺乏金融知识，对相关金融产品不了解，低估了预期寿命和长寿风险，而且缺乏长期的规划，盲从心理……问题非常多。即使不是老年人，普通人也面临这个问题，要加强金融产品的教育，养老金融方面知识的普及。

第六，大力发展养老金融咨询业，建立知识丰富、服务周到的专业咨询服务队伍。根据退休人员的知识结构、资产规模和需求层次不同，建立更加具有针对性的咨询服务。鼓励退休人员和咨询服务人员建立长期的合作关系，建立产品营销和咨询服务合二为一的经营机制。制定咨询服务人员的进入资格标准，加强培训开发，加强认证管理，不断地提高咨询人员的专业技能和服务标准，加强咨询服务人员的信义责任，建立专业敬业具有职业荣誉感的咨询队伍，这一点非常重要，制定公开透明科学合理的资费收费标准。对第三制度的养老保险包括养老金融都会有极大的促进作用。

我就讲这么多，欢迎大家批评指正，谢谢！

（资料来源：本文是作者在6月24日“东方红·宏观经济与金融市场沙龙”发言的整理稿，已经作者审定。）

股市波动

第三期：（2017.6.24）

本节文章的作者分别来自学界和业界，理论与实务相结合来综合分析“股市波动”，这是本节的特色。第一篇文章是从宏观经济形势分析的视角来看股市波动。第二篇文章则是在回顾 2012 年以来几次典型的股市波动的基础上，从业界实战视角看股市。第三篇文章又是从壳价值的角度，阐释了股票价格分化的根本原因。

一、形势、政策与资产配置

吕随启
（北京大学经济学院）

内容提要：6月24日在北京大学经济研究所、东方证券资产管理有限公司主办的“东方红·宏观经济与金融市场沙龙”第二次讨论会上，北京大学经济学院副教授吕随启分四大部分对形势、货币政策、汇率与资产配置进行了阐述。对货币政策的部分建议：对外减少外汇干预，稳汇率已经不是重中之重；对内加强管制，把人民币贬值的压力在内部消化；贬值压力在内部消化以后，针对实体经济下滑的趋势还要注入一些流动性。

吕随启：很高兴有机会参加这个会。我开始准备的内容太多了，才知道只有半个小时的时间，因此前面的东西就准备一带而过，后面关于股票市场，我也只是说观点，不展开。

首先，第一个问题，我想说一下宏观经济形势值得反思的地方。

2017年上半年，按照大的逻辑来讲，市场利空的因素非常多，利好的因素实际上没有多少，也就是按照大逻辑，股市不应该涨。但是，上半年的宏观经济数据却非常好，都回到6.9%了，这里面出现了大逻辑和宏观经济数据的背离。根据这个背离最终我们判断，应该由市场的实际走势来判断，市场的实际走势告诉你看空的大逻辑是对的。反过来讲，背后的宏观经济数据就是有问题的，这是一个要注意的方面。

有人据此说，股市的走势跟经济数据背离，说明中国股市不是经济周期的晴雨表，这个怎么看？其实，大家要注意，股市像一面镜子，宏观经济的状况是什么样就是什么样。如果我们现实生活当中有一个人一照镜子，发现自己丑了，然后说我明明长得很好，是这个镜子把他照丑了。实际上你是什么样，照出来就是什么样。股市是经济周期的晴雨表，如果它是一面镜子，当股市表现不好的时候，它告诉你中国宏观经济不像数据所描述得这么好，它反映的是大家对中国经济的未来不看好，这个时候，你就知道它跟教科书讲的东西就是吻合的而不是背离的。所以，当你质疑股市不是经济周期晴雨表的时候，只能证明你基础的宏观经济学没学好。反过来讲，你为什么不去质疑一下某些数据是否靠谱呢？

有人说，现在中国经济是L形，这个L形谁都会说，笼统的L形没有任何意义，你要是说L形，必须告诉我们中国经济处于L形的什么位置，如果我们处于L形的水平位置，就告诉你中国宏观经济到底了，那我要关心的是什么呢？在底部还需要徘徊多少年，还需要过多少年苦日子。

我们知道，久盘必须要有一个变盘，我们关心过了几年苦日子以后，下面是往上变还是往下变，如果往上变，那是皆大欢喜，如果往下变的话，还要做更坏的心理准备。如果中国宏观经济处于L形的垂直位置，那就表明宏观经济还没到底，我们要关心还有多少空间才能到底，到底以后还需要多长时间。

从全球经济的状况来讲，世界经济已经从发展中国家主导变成了发达国家主导，发展中经济体已经连续七年是往下走的，从现在来看，这个趋势还没有结束，别忘了，中国只是发展中国家的一员。所以，别被所谓多靓丽的数据，把你的逻辑都颠倒了。大家都是理性的经济人，有些时候，数据是为了证明逻辑，当你的逻辑跟数据有背离的时候，你是坚持理性的逻辑，还是把一堆花里胡哨的东西拿来自欺欺人，这是一定要注意的。

其次，第二个问题，我想简单说说中国的货币政策。

现在我们的货币政策叫中性谨慎。按照央行官员说的，不松也不紧，这个说法很好解释。当你质疑货币政策过松的时候，比如说人民币贬值面临很大的压力，他可以说我没松；当有一天实体经济下滑，流动性不够，股市大幅下跌，你质疑货币政策过紧的时候，他可以告诉你我没紧。不松不紧，这样的货币政策既是非常容易解释，也是非常容易推卸责任的。

为什么现在当美联储加息都游刃有余的时候，我们已经沦落到只能是不尴不尬地说不松不紧呢？这是有背景的，随着中国资本账户逐渐开放，人民币国际化推进，中国资本流动性大大地提高，趋势已经难以逆转，对政策选择的回旋余地构成很大的制约。这主要体现在三个方面：实体经济下滑、通货紧缩，地方债务高企，房地产市场低迷，股市也不景气这样一个现实，要求货币政策应该进一步宽松。但是，人民币贬值预期强化，资本外逃的压力上升，要求货币政策中性偏紧。这里面就出了一个问题，如果我们要解决第一个问题，货币政策宽松，第二个问题就会变得更加严重。如果要解决第二个问题，货币政策偏紧，第一个问题就会变得更加严重。如果中国政府既要救实体经济，又要通过稳定汇率来化解金融危机，那就只能加强资本管制，但是一旦加强管制，就会导致人民币国际化的退步。这个退步，实际上是有违当初我们在推进人民币国际化之初对国际社会的承诺，这样就会面临来自国际社会的巨大压力。

这三个东西告诉我们什么呢？中国货币政策回旋余地非常小。政府一会儿去杠杆，一会儿大规模放水，比如说前面连着两天，曾经有一天增加了4590亿元的流动性投放，有一天增加了4980亿元的投放，这两个信号传递的内容是矛盾的。可见，不管去杠杆还是大规模放水都是不可持续的。既然都不可持续，就只能一会儿松，一会儿紧。觉得问题大的时候就松一点，觉得另一个问题严重的时候就紧一点，来来回回的，就那么点空间。

所以在这种情况下，中国政府的货币政策取向主要有三个：政策取向一，对外减少外汇干预，稳汇率已经不是重中之重，原因是什么？对国际社会的承诺，外汇储备大幅度减少，高昂的干预成本，干预的有效性，以及可持续性决定了这样一个选择。什么概念？我们用了一年半的时间，耗费了一万亿美元的外汇储备，成功的把人民币汇率从6.2干预到了6.8、6.9，这告诉你干预是失败的，是无效的，再干预是什么概念呢？将来有一天有可能自取其辱。

政策取向二，对内加强管制，把人民币贬值的压力内部消化。在股票市场上，当股灾发生的时候，我们可以设法把做空的都抓来，在外汇市场上，你能到香港，到国际市场上把做空人民币的都抓回来吗？所以，只能对老百姓进行汇率预期引导，将人民币贬值的压力内部消化。

政策取向三，贬值压力内部消化以后，毕竟政府还得想办法，针对实体经济下滑的趋势，有时候还要注入一些流动性，这样稳汇率就让位于稳增长。但是在这里需要注意，不管央行采取什么样的货币政策，不管你是通过公开市场业务，还是通过酸辣粉、麻辣粉[①]这一堆东西，还是通过降准降息，这里的政策工具，只要货币政策进一步宽松，只要你注入流动性，就会增加人民币的供给，目前我们更多的是用公开市场业务，尽量不用法定准备率和利率，这就是减缓市场的压力，因为市场对利率和法定准备率的变动太敏感了。

这里面还要注意，李克强总理曾经说过，人民币不具备持续贬值的基础，这只是一个笼统的说法，准确的说法应该是什么呢？人民币对“一篮子”货币不具备持续贬值的基础。以前是中国经济非常强，美国经济也非常强，我们盯住美国，就相当于一块石头盯住人家一块金刚石，两家差异没那么大，还是可以盯得住的。现在当中国经济本身基本面不好，美国经济越来越强，这个时候，当人家还是金刚石，我们却成了一个软蛋。什么概念？这个时候我们继续盯住人家，相当于以卵击石，怎么办？我既然盯不住你了，那就转而盯一堆软柿子，盯一堆软货币。当你质疑人民币对美元走弱的时候，他说你看，人民币对其他货币还在走强，还在升值，人民币实际汇率有效指数仍然保持稳定。当有一天美元指数走软，你盯住的其他货币兑美元升值了。大家说，美元不升值了，你对其他货币怎么也不强了？他说你看，人民币对美元贬得又没那么多了。总之换来换去，螺旋式让人民币往下走，等你醒过味的时候，你已经被“温水煮青蛙了”，这就是这样一个做法的实质。汇率预期引导，就是不让大家看出来，如果大家都看明白了，都迅速地去换外币，这大概不是好事。所以在这里我们要记住，只要这个货币篮子里大多数货币对美元贬值，人民币是盯住这些货币的，人民币对美元就一定会贬值，这个大的逻辑不要搞错。

我们知道，美联储货币政策中性偏紧，欧洲央行、日本央行维持宽松，中国人民银行是中性谨慎，这里面有两层意思：第一层意思，美国的经济基本面相对较好，其他国家和地区的经济基本面相对不容乐观；第二层意思，这些国家的货币对美元有可能继续贬值，那就意味着人民币对“一篮子”货币不具备持续贬值的基础，跟人民币对美元具备继续贬值的压力就成了一个意思。

---

① 注：即 SLF、MLF 的谐音词。

再次，第三个问题，强调一下人民币汇率及其影响因素。

不管是股市、房市还是债市，其走势都跟人民币汇率的变动密切相关。因此，弄清楚人民币汇率的影响因素和汇率变动的趋势至关重要。

汇率不仅取决于基本面的支撑，而且取决于政策面的变化；不仅取决于长期因素，而且取决于短期因素；不仅取决于经常项目的状况，而且还要看资本和金融项目的状况；不仅要看短期的波动，还要看长期的趋势。因此，汇率是远比股市、债市和房市更加复杂的问题。

我这里想要跟大家说，影响人民币汇率的影响因素主要包括国际收支、经济增长率的差异及其变化、通胀率、外汇储备、利率水平、与资本流动有关的市场因素、中央银行干预以及政策因素。这八个因素，你一一去进行分析，都告诉你人民币面临的是贬值压力，而不是升值压力。

这一块儿还有一些东西，比如说最近外汇储备的回升，这可能是一个假象。中国的外汇储备等于“美元资产+非美元资产”，不管美元的汇率怎么变，前面这部分美元资产的价格始终就那么多，用美元来计算，其他的非美元资产折成美元的价值，跟美元汇率的变动有关。最近美元指数回调，在外汇储备当中持有的那部分非美元资产，折成美元的时候比原来变多了，这样外汇储备总量就回升了。只要美元指数开始回升，美元开始重启下一波升势，外汇储备回升的假象也许很快就会消失。

还有一个值得注意的地方，对现在资本外流的规模，大家要有一个清楚的估计。我们知道，经常项目差额+资本项目差额=外汇储备的净变动额，在用简单的数学公式来衡量的时候，公布的关于外汇储备的数据常常是对不上的。

在资本流动的过程当中，一个是内资逃离，另一个是外资撤离。与此同时，各种非法转移与合法转移的手段基本上是并用的，现在合法转移的手段就剩下了一个。以前合法转移的手段多一些，在外汇管制不断强化的背景下，不排除有些人和机构借“一带一路”这个幌子对外转移资产，没人去质疑这个，谁也不敢质疑。但是我们要想到什么呢？大量的资金都跑到瓜达尔港修“一带一路”去了？事实上，部分资金确实是以“一带一路”名义出去的，但是具体落地的却未必是沿线国家，而是转移到了一些发达国家。这是国家需要采取措施予以纠正的。

把这些因素加在一块儿，从人民币汇率的影响因素来看，人民币面临的是贬值压力，贬值的趋势已经形成。短期内，中国人民银行稳定人民币汇率的操作只能缓解这个趋势的进程，不可能让这个趋势逆转。最近，人民币汇率从 6.9 回到 6.7，现在又回到 6.8，很多人就捶胸顿足，美元换到了一个最高点。如果你 6.9 元买了一只股票，这只股票跌到 6.8 元，你会说自己买了一个最高点吗？套了一毛钱而已。上年 6.9 换的美元，现在比如说到了 6.8 左右换回了人民币，哪天回到 7 的时候你再换回去试试？让你去年换的美元，2017 年匆忙换回来，再换换不回去了，这个政策效果就达到了。这一轮里面，这样做的这一部分人，将来肠子都会悔青，这是我的一个判断，不一定对，供大家参考。

最后，第四个问题，主要说一下股市，由于时间限制，只能罗列观点不展开。

第一，目前中国股市的核心问题，估值整体仍然偏高，估值重心向下调整的趋势不可逆转，只要这一调整不到位，调整就不可能结束，底是遥遥无期。以前咱们说，支撑股市大牛的这些大逻辑还在不在？最开始资金牛，后来杠杆牛，再后来改革牛、结构牛、救市牛、供给牛以及最近的新区牛。这些逻辑都不在，未来只能是以个股为特征的一九结构性行情，连二八都不存在。

第二，有人说加入 MSCI 是一个利好，大家注意，我的判断恰恰相反，越是有利于估值体系对接的因素，对股市越是利空，原因是什么呢？深港通是这样，加入 MSCI 也是，这些因素都只是给我们的股市提供了一个估值体系对接的参照物，有了这些参照物，咱们才知道，咱们的“三高”是怎么来的，咱们作为投资者，花了十块钱也许买了价值一块钱的股票，吃亏上当了，这个感觉特别明显。同时它也指明了 A 股市场调整的路径，应该往哪个方向调整。

第三，有人说加入 MSCI 以后能吸引来多少资金，大家注意，国际投资者不是雷锋，没有人愿意充当接盘侠。所谓加入 MSCI 能带来增量资金，就是画饼充饥，让急于解套的国内投资者心存奢望、望梅止渴。即使国际投资者将来真的进入 A 股市场里面增加对 A 股市场的配置，它也是增加对空头的配置，那就意味着做空力量会因此增强，估值体系的对接会因此加快。

第四，国家队维稳，外汇管制趋严之类的因素会使估值体系对接的速度放慢或减缓，客观上构成对 A 股调整的制度性保护。

第五，战略层面，雄安概念出台的题材含义与透露出来的宏观层面的意义。如果宏观层面上，咱们都得用雄安概念出台这类的题材，类似一个机构，为了拉高某一个板块造一个题材，拉上去之后，高位变现，很多股票闪崩。那就告诉你，在宏观层面上我们缺少长远的东西。整个宏观层面上都缺少长远的东西了，大家非要再计划未来十年怎么样就不切实际，眼前能保住命才是最现实的选择。

第六，除了估值的层面，目前 A 股市场的低迷主要是周期性因素所致，这跟很多券商做出的周期性见底的判断是吻合的。这意味着什么呢？只要周期性因素不好转，股市在基本面上就缺乏有效的支撑，就不可能有大的周期性的行情。

第七，在这样一个大的判断下，其他偶尔释放的利好都是短期因素，都是机构诱多拉高出货的题材，所以只能影响股市波动的节奏，减缓股市调整的速度，不可能使调整方向发生逆转。

第八，现在由于经济形势不容乐观，指数没有大的空间。

第九，存量资金博弈，决定了对指数影响太大的大蓝筹不可能大幅地上涨，因为资金流动性无法满足要求。

第十，深港通推出以后，中小创估值明显偏高，估值体系的调整决定了中小创股票作为一个整体，很难有持续性的行情，往往过山车居多。

第十一，对机构来讲，无论是看重大蓝筹的业绩，还是看重中小创的成长性，都不可能做持续性的长期投资，短期内的投机炒作往往不具有可持续性。

第十二，目前都是结合地区、政策、行业、题材进行炒作的资金主导的结构性行情，很难挖掘具有可持续性的板块。

第十三，目前主导机构的策略：稳住存量资金不离场，增量资金诱导一点是一点，指数窄区间波动慢慢换筹自救，控制风险战略减仓。个股的闪崩以及市场资金净流动指标清清楚楚地告诉你，现在的打法主要是跑得快。以往是什么概念？看每天资金的净流入、净流出，市场下跌的时候资金是净流出，有一个利好，市场往上涨的时候资金净流入，现在你可以看，每一天不管是大盘往上涨还是往下跌，资金都是净流出的，换句话说，主流资金都在逐渐往外跑，这是清清楚楚的。

第十四，监管层的政策取向：创造条件稳住市场让机构有序去杠杆，然后通过规范减持尽量消化、化解、避免或推迟系统兴危机的隐患。

第十五，机构行为主导下的自救以及市场主体存量资金博弈格局下的诱多，过去的一年直到现在，这一旋律一直没有发生实质性变化。

第十六，这一点很重要，因为刚才谈到养老金融的问题，机构顺利去杠杆与社保基金安全入市的权衡决定了政府政策取向以及未来市场博弈的节奏。这是什么意思？大家注意，前面政府通过国家队护盘来稳市场，其实是来救这些机构，只有让它们顺利去杠杆，才能确保不发生金融危机。但是有一个问题，将来有一天社保基金还要入市，在这个时候，社保基金如果要是入市的话，社保基金就成了接盘侠，社保基金一旦被套得很惨的话，这个责任谁来负？所以，如果知道社保基金安全性和稳健性是第一位的，我们就知道，只有市场跌到一定的位置，社保基金进来才是安全的。从机构去杠杆的角度来讲，市场不能大跌，从社保基金安全入市的角度来看，市场必须大跌。因此政府必须先把机构去杠杆这件事完成了，然后才能考虑社保基金入市的问题。社保基金入市的时候，既然前面国家队护盘救了机构，机构自然会投桃报李，帮助政府创造让社保基金安全入市的条件，于是，这些机构将来就有可能成为砸盘力量。这个决定了政府将来的政策取向，还有未来市场怎么博弈的节奏。

第十七，人民币汇率的压力主要不是来自外资撤离，而是来自内资外逃。这种逃离的办法五花八门，随着资本往外逃离的方式越来越花哨，政府外汇管制的程度也越来越严厉。

第十八，有人说股市不行了，也许债市就行，债市如果不行了，也许股市就会好起来。其实，存量资金博弈的格局与市场流动性腾挪的逻辑已经今非昔比，发生了质的变化。什么意思？以前中国经济相对封闭，经济体系里就这几个池子，股市、债市、房市，这个池子不行了，资金就会流到下一个池子，几个池子里来回串。现在中国经济的开放程度已经大幅度提高。除了在这个经济体系内部有这么几个池子之外，外边还有其他池子。从里边这某个池子减持出来的资金不是进入另一个池子，而是往外边那个池子跑。换句话说，即使债市不行了，债市出来的钱也未必去股市。资产荒是什么意思？从投资者的角度来讲，就是我找不到值得投资、能给我正收益率的资产；负债荒，从借款人的角度来讲，我找不到手里有钱的人愿意给我提供融资。换句话说，实际上整个金融市场就是无效的，因为没有完成把资金从贷款人转移到借款人手里这个功能，金融市场实际上已经失灵。

第十九，看一下我们现在面临的形势，从限购到供给侧改革，从供给侧改革到限售。理解它们的实质对理解股市变动以及投资战略的调整至关重要。限购是什么？供给小于需求才需要限购，这是从需求方做文章，目的是为了减缓价格上涨的速度。换句话说，越限购越涨，原因是什么？供给小于需求。到了供给侧改革，需求方通过需求刺激，产生的无效供给太多了，供给大于需求，才需要供给侧改革。再到了现在出来的限售，那一定是供给大于需求，政府担心价格下跌导致某个市场崩盘，才需要人为地减缓供给抛出的速度。所以，如果你知道限购的时候价格应该上涨，当限售出来的时候给你的信号是政府担心市场下跌，政府担心啥你也应该担心啥。所以，形势好的时候有句话，听党的话跟党走，党就让你赚钱，形势不好的时候，忧党的忧，跟党走，党就让你保命。这么大的政府，这么大个国家，政府都担心某个市场价格下跌，你说没事，我在那儿撑着，那你就没读懂政府的意思。

所以，限售完整的理解应该是什么？房地产最明确地提了限售，什么意思？最开始咱们房地产是去库存，国家鼓励大家加杠杆去买房子，大家买完之后，开发商顺利去了库存，房子主要都到大家手里。大家为什么要抢房子？大家是不是想在房地产市场多站会儿岗，既然如此，凭什么不让你多站两年。大家注意，什么概念？当房子都从开发商手里到了老百姓手里的时候，政府担心的已经不是开发商撂挑子，而是担心大家都担心房地产到顶了，都往外卖房子，那会导致整个房地产市场崩盘。所以，只有大家都站岗，房地产市场才不会崩溃。于是限售就成了最顺理成章的选择。比如说限售，最短的限三年，最长的限十年。如果限三年，从你买房子到申请贷款，到拿到房产证还有一年多，换句话说，限售三年，实际上把房地产危机能往后推迟大约五年，大体上是这个意思。

股票市场，是不是也是限售？大家看，以前那些大股东和高管通过定增、资管计划抢股票，跟大家抢房子是一个道理，想把二级市场变成提款机，那个时候谁要能参与到定增这类项目，马上就可以有成倍的收益。现在是什么概念呢？整个机构去杠杆，去得差不多的情况下，政府不需要担心被深度套牢的个人投资者，散民套住了，顶多多哭两声，多流几滴泪，没什么大关系，高管和大股东则不同，一旦他们一窝蜂急着往外抛售股票，市场就会大幅度地下跌。于是规范减持就成了必然选择。你想通过定增和资管计划抢股票，想在股市里面多站会儿岗，那就索性让你多站一会儿，这就是规范减持。什么意思？打个比喻，原来你像是功能很正常的人，一泡尿几秒撒完了，现在给你安个阀门或者让你患上前列腺炎，让你一滴一滴撒，一泡尿撒一年，就是这个概念。

不仅人民币计值的资产，人民币本身也限售。从正面来说是加强外汇管制，外汇管制是什么概念？如果市场担心人民币汇率下跌，大家会卖人民币买美元。加强外汇管制，让你不能卖人民币买美元，是不是就是针对人民币的限售？限售的实质就是担心价格下跌，外汇管制既然是针对人民币的限售，那就意味着政府担心人民币的价格还会下跌。现在限售不是局部的而是全面的，针对以人民币计值的资产，甚至包括人民币本身的全方位的限售。只要弄清楚这个问题的实质，知道限售的实质是政府担心这一类资产的价格下跌，你就知道你应该干什么。

第二十，人民币汇率贬值的内涵，你持有的所有以人民币计值的资产都有可能进一步贬值。面对股灾，房子不是可以替代的资产。房子如果下跌的话，只会比股市更惨。所以一些精英阶层、权贵阶层，尤其是李嘉诚，几年前就跑掉了，有些开发商已经转行做轻资产业务了，很多大的开发商都已经把自己的房产业务出售给其他一些机构了，这都给我们指明了方向。

第二十一，中国是否有可能发生金融危机？这个危险应该是有的，但是大家没人愿意相信，也没人愿意听，所以我们最好不要这么悲观，大家可以自己回去琢磨。

第二十二，目前国内资产配置的大原则是什么呢？首先，提高资产组合的流动性是要义。其次，增加现金类资产的比重，减少非现金类资产的比重。再次，如果是在股权和债权之间，应该适当增加权益类资产的配置，减少固定收益类资产的配置。最后，房子应该逐步尽快变现，而不是继续抢房子。任志强过去十多年里面，谁买房子谁挣钱，他都说对了，他有能力让你上天堂。现在他的外号已经叫任大炮了，他也有能力让你成炮灰，为什么？过去多少年，中国宏观经济往上走，现在往下走，过去这些年，货币政策是宽松的，现在货币政策调头了，过去这些年人民币是升值的，现在面临贬值压力了，过去资本是流入的，现在变成流出了。所有这些因素都变了，任志强还坚持原来的逻辑，就未必对了。

第二十三，国际资产配置的大原则：减少人民币计值的资产比重，增加非人民币计值的资产比重，选择资质比较好的外资机构寻求专业化的服务，不要盲目追求收益率的高低，保值优先于增值。

第二十四，如果你是一个小老百姓，没有能力像富人一样配置资产，那你就去配置你所拥有的其他资源，比如说人力资源。

第二十五，最后，对资产配置的大原则做一个总结：在生活中，健康为主，投资为辅；在目标中，避险为主，保值为辅，增值无谓，不要再做一夜暴富的美梦；投资有收益性、安全性、流动性三性的平衡，在这三性当中，安全性为主，流动性为辅，收益性无谓；在工具中，现金为王，其余为辅；在现金中，强币为王，其余为辅，弱币摒弃。具有升值趋势的货币为王，这是最主要的，如果你不想把所有的鸡蛋都放在一个篮子里，除了换最强的货币之外，再配置一点其他的外币也可以，组成一个篮子。具有贬值趋势的货币，除了你自己必须要用的，其他多余的都应该给别人，等将来贬得更多的时候再换回来都不会吃亏。

由于时间的关系我就讲这么多，谢谢大家！

（资料来源：本文是作者在6月24日“东方红·宏观经济与金融市场沙龙”发言的整理稿，已经作者审定。）

二、静候做多契机

胡国鹏
（方正证券首席策略分析师）

内容提要： 本文首先回顾了自2012年以来的几次股市反弹，并分析了其原因，然后对当前经济形势进行了判断，认为由于去杠杆、去库存、固定资产投资增速回落，经济风险处于释放过程中，但由于消费和出口的作用，失速风险不大。最后，本文对股市进行了展望，认为未来监管可能适度放松，以及需求下降导致的流动性边际宽松，股市存在看多的契机。

胡国鹏：非常高兴，这是第二次参加，第一次参加的时候是股灾的时候，很高兴跟大家交流一下。我的观点相对乐观一些，不像吕老师那么悲观，我们做券商的，天然地看多，如果一直很空的话，估计下一次路演就没人接待了，而且我们也是靠这个东西吃饭的。当然我们也有自己的一套逻辑和体系，我来跟大家介绍一下。

这个指数是万德的全 A 指数，用全 A 指数相对比较好，特别是是从 2013 年之后，很多创业板涨得比较好，如果你看指数容易失真，我们就把万德全 A 指数画出来。2011 年到现在，总共只给了 14 个结论，有一个是错的，2013 年那个是错的，我们非常乐观，觉得一个很大的机会要来了，实际上 2013 年那个机会在中小创，主板是跌的，那一年还跌得不少，后来总结了一下，那一次是犯错的。最近的一次判断，2016 年 10 月，我们做了一次兑现收益，我们觉得应该是到该兑现的时候，特别是 2016 年 2 月看多之后，最后一次反弹，到 10 月，我们觉得开始兑现收益了，为什么这么讲？最核心的逻辑，刚才吕老师讲汇率，我们也是跟踪流动性，但是我们跟踪流动性不建议汇率，因为我们更关注的是资金的价格，从 2016 年 9 月开始，大家很明显地感觉到，2016 年供给侧改革里面有很重要的任务，就是去杠杆一直没做。年初一直在做去库存、去产能，所有的去产能，我们这次去调研，既是行政命令，去库存也是鼓励居民加杠杆，去杠杆实际上一直没做。到 2016 年 9 月之后，才开始强调去杠杆，当时印象还挺深刻的。特别是做债的，2016年忙了一年，最后两个月，全部亏出去了，2016年的奖金也没了，这个是流动性的变化，我们当时在10月转谨慎很重要的一个原因，当时也是提示大家要兑现收益。

后面的市场，实际上还是挺超我们预期的，分化是极大的，10月那个时点，你去把白酒减了，你去把银行减了，保险减了，你是很惨的，这一轮表现比较好的，一个是消费，消费就是白酒和家电为代表，甚至是地产的后周期，家具、索菲亚那些，是地产消费的后周期，家电、家具。另外表现比较好的就是金融，银行大家可以看到明显的，像工商银行这些已经创了上证5000多点的新高，很多大行也涨得比较好。股份制银行，像招商银行表现也挺好的，银行里面实际上就民生银行表现不太好。

现在站在这个时点，我们觉得下半年可能还会有一次变化，我们的判断，我们差不多一年没有做判断了，下半年有一次做多的机会，为什么这么讲，我后面简单跟大家分析一下。

实际上，我们梳理了2000年之后的14次反弹，也是所有的反弹，我们后面的大报告马上出来，现在只是梳理一下，2012年，因为离我们比较近，大家可以看到，把我们逻辑的过程跟大家简单梳理一下。从2012年之后，四次反弹，第一次反弹，2012年底，大家想得很清楚，两个主导力量：一是银行，那时候民生银行涨了3倍到4倍，二是信息技术，2013年之后开始开启中小创的牛市。从基本面来看的话就是两个方面，一个是经济见底了，2012年的时候，8月左右，如果看数据，经济有一个回升，当时有政治的因素，要十七大了，有各种各样的传言，市场不相信，到最后大家确认了经济回升之后，四季度出现了一波风险偏好的提升，出现了银行，金融+成长股的机会，驱动力总结就是两个：第一个是经济开始有所企稳了，结束了快速下行；第二是十七次全会已经开完了，大家对新政府的期待比较强，这是两个驱动力。

第二次反弹是2014年的大牛市，就一个驱动力，就是大水漫灌，当时我觉得记忆犹新，2014年至2015年，总共降了七次息，八次准，虽然说李克强总理是微刺激，但是2014年、2015年的时候放水非常多，流动性变化非常明显，如果看利率的话，各种利率全部出现回落，那时候股市主要是因为加杠杆，流动性的转折，债市也是空前的牛市，因为整个收益率，大的银行间的利率都是从4%一直降到百分之一点几，票据的折现利率从2014年的高点6%，一直降到3%左右，这是巨大的流动性带来的牛市。后面也有可能是杠杆牛，杠杆牛的话，和流动性是结合起来看的，因为水多了之后，老百姓自然就去加杠杆，不然的话，在里面空转也不行。

第三次反弹，2015年第3季度那一次，实际上就反弹了一个季度，主要的原因，总结一下就是两个原因，流动性改善，大家应该记得很清楚，当时，政府还在拼命的放水，6月的时候，降息，到8月有一次双降，8月25日，双降之后，从9月初之后，正式开始反弹，那时候底部还是调整一段阶段之后再开始反弹。重要的原因是流动性的改善，央行出现了双降，降准之后，如果把那段时间的利率看一下，2015年第四季度，利率是往下走的，流动性开始出现缓解了，这是一个。另一个，当时又开始出政策了，发改委出了很多的工程包，开始重新稳增长，这是第二个驱动力。

第四次反弹，最新的一次反弹，2016年2月29日的降准，我们印象非常深刻，29日以后我们开始喊多，这是一个，政策开始放松，流动性开始改善。另外大家可以感受到比较明显的，2016年开始经济起稳了，虽然很多人有一些疑问，但是我觉得价格不会骗人。你看PPI的变化，从2016年年初的负7，负8，一直到现在的正7，正8，价格是大家真金白银交易出来的，肯定不会骗人。经济去年2月以后是起稳的，虽然到2017年2月结束了，但是2016年2月开始还是有一波企稳的。

另外我说一下最新的判断，现在为止还是处于风险释放过程当中，有哪些风险呢？一个是现在还处于经济下行的过程当中，这个判断，券商看起来应该是一致预期，虽然我们有些人觉得经济相对论，但是大部分人还是相对比较谨慎的。看2月，应该是一个高点，如果所有人都关注高频的话，2月的房地产投资，工业增加值，发电量，汽车的消费量都是高点，2月之后，经济开始重新回落。4月之后，大家很明显感觉到，新一轮的监管风暴，为什么出现？很重要的一个原因，第一季度的经济数据很好，政府定的目标是6.5%~7%，第一季度实现6.9%，政府的压力不太大，即便第二季度从6.9%回到了6.7%，上半年还是6.8%。第二季度开始，政府开始去杠杆，整个监管政策，市场的说法叫竞争性监管，银监会、保监会、证监会、发改委、财政部轮流出监管政策，去配合去杠杆，维护金融安全，我觉得这是市场调整的很重要的两个原因。但是从背后看到，最核心的就是大家觉得经济增长开始回落了，这个是一个很重要的原因。但是我觉得后面可能需要确认的，这轮经济回落是什么性质的回落？是2012年之后连续两三年的回落，还是就回落两三个季度，重新开始回升，这个是需要去判断的。

另一个，经济变化，最明显的就是固定资产投资，这一块儿我们还是比较细，我们非常喜欢看资金来源，资金来源是整个投资的，但是资金来源从2017年开始一直是负数，自历史上有数据以来，从来没出现过固定资产投资资金来源是负的，特别是企业自筹那一部分，在2016年的9月、10月，还更早一点，开始进入负的，现在已经负了两个季度了。所以我觉得这样的话，因为资金来源是负的，意味着流动性环境在收紧，9月之后，流动性的拐点是一致的，因为流动性开始紧了，企业资金这个自筹，实际上压力在增大，这一块儿，是固投还会有下行压力的领先指标。

另外是地产，现在还没有体现，如果你看数据的话，销售下得很快，尤其是一、二线城市，环比、同比都是20%，30%的下滑，但是看全国数据，下滑好像没有那么明显。看全国数据，5月最新的数据，从19%降到了16%，因为它是增长16%，意味着全国数据，三、四线城市的销售还是挺好的。因为这一轮的地产调控很明显的一个特征，是因城施策的，不像之前，出一个国五条，全国性的开始整，这一次不一样，三、四线城市还是配合去库存，地产投资包括我们最近去各地调研以后，感觉这一块儿下得不是特别快。地产投资的限制应该是缓慢下行，数据从5月的9.3%降到8.8%，这个下行还是比较缓的，这个过程还是需要去确认的。

另外对未来市场展望，我们为什么觉得可能会有乐观的因素出来？实际上我想跟大家探讨一下，这实际上也是一个探讨，从监管政策来看，实际上从去年开始，特别是2016年第四季度开始，密集地出政策，银监会的334，“三套利”“四不当”，还有银监会的减持、新规，保监会也是，监管还是非常强的。发改委包括财政部对地方政府举债包括新的83号文，对地方政府担保各方面，监管还是比较强的。如果是政策造成的冲击，后面有一个缓解，监管包括理财新规出来，我周三到周五也在成都和几个银行的同业交流，这一块儿还是要关注一下，如果有同业监管的新规出来的话，可能就不用再悲观了，因为已经反映出来了，金融机构自己已经调整到位了包括金融机构自己对业务，现在很多同业业务全面停顿，银行自己现在都不干活了，尽管新规出来之后，4月之后，同业市场部很多都不干活了，干活可能涉及红线，涉及“三套利”。

另外是金融工作会议，这个很关键，市场传 2016 年要开金融工作会议，到现在为止，好像没人关注这个问题了，但是肯定要开，因为五年开一次，2007 年开过一次，2012 年开过一次，2017 年肯定要开，时间点需要去关注一下，我们觉得可能七八月，十九大之前，把监管体系梳理清楚之后，也不用太悲观了。

另一个，流动性，是后面市场反弹很重要的原因，最主要的原因是因为需求下滑了，经济开始下滑之后，不管怎么样，因为大家都知道，如果你看流动性，它是供给和需求两个方面共同作用的结果，即便是供给不变，或者是供给小幅度下滑，但是需求下浮得更快，流动性就会出现缓解，股票市场还是非常关注流动性的边际变化的，要注意边际，可能出现一个小的反弹，比如说利率，现在整个票据的利率，从 5 降到 4，市场都可能出现反弹，股票收益率下降，都会出现反弹。但是现在从 9 月之后，所有的利率全部在往上走包括我们跟踪一级市场和二级市场交易的利率，全部在往上走，我觉得后面会出现一个拐点，这个拐点最本质的原因，就是因为需求下滑，不是为政策调整，货币政策调整，我觉得不会，现在货币政策肯定不会调整的，很有可能因为货币需求下滑之后，需求下降了之后，会出现一个被动的。2013 年、2014 年大家的说法是衰退式的宽松，我认为是阶段性的衰退，不会像之前那么强。

另一个，我们需要确认的，我们如果看到明确的反弹信号，我们需要确认的，一个是地产投资，因为经济不管怎么样，始终是主导变量，如果我们看到经济下滑，因为下滑的过程在形成，只要确认下降的过程，是缓慢的下降过程，就可以放心大胆做一波反弹。

另一个，这个数据大家可以参考一下，跟踪经济变化非常好的，生意社有一个大宗商品价格指数包括八个大类，有 200 多个细项，我们非常关注这个价格的变化，因为价格，我一开始也说了，是企业掏钱买的，不可能造假，所以如果你看这个价格数据的话，2017 年之后是下行的，我们后面只需要确认下行斜率的放缓，出现一个二阶拐点，只要确认这个东西的话，还是有可能出现一个反弹。

另外，对反弹的幅度，还是有望超过去年的反弹，2016 年从 2700 点到 3100 点，大概是 300 点到 400 点，这类的反弹，下半年的反弹幅度应该比去年要强。但是不能看到牛市，肯定不是牛市，就是一次反弹，反弹的驱动力，三个因素的边际变化，经济增长你要确认它是一个二阶的拐点，斜率在放缓，下滑的斜率在放缓包括价格、PPI，我们跟踪生意社大类商品价格指数，如果确认边际上是斜率放缓就可以。另外就是流动性，后面应该是，确定性的会回落，因为经济已经开始回落一个季度了，从 2 月之后，到现在已经回落四个月，后面，因为流动性稍微滞后于货币需求，所以我觉得后面，七八月有望看到流动性开始往下走，最后的话，可以看到还是挺好的包括 SLF，MLF 的投放，虽然是一年期的，但是投放还是挺好的。6 月市场当时的预计会出现新一轮的钱荒，并没有出现，利率和四五月差不多，没有出现很显著的上行，这是一个可以观察的维度。

另外一个维度，首先出现变化的是监管政策，刚才同业理财新规，金融工作大会这些东西，应该是监管大家的预期，你没出来之前，大家的预期是分化的，如果出来之后，市场预期反而会好一点。

前面是讲对市场的看法，后面我给大家推荐一下机会，因为我们是做市场研究的，还是要给大家推荐机会。第一个是聚焦稳定性增长，选一些好公司，有几个维度，从四个维度选好公司。第一是门槛的提高，包括环保、土地各方面的政策，整个竞争的门槛在提高，行业集中度在明显提升。第二个，他会去扩展新的边界，去做整个产业链的整合，去做产业链的延伸，这是一个。第三个，管理层比较有进取精神。第四个，它的成长性，成长性要关注渗透率，大家要关注产品的渗透率，是不是进入了快速成长阶段，这是一个。

这是我们 3 月之后一直推荐的一个细分领域，就是 LED，三安光电涨了不少，年初从 14 元涨到 20 元，主要就是从这几个维度发现一个好公司。这是三安光电的数据，大家觉得财务报表没用，我觉得还是很有用，你看看这个公司，增长率非常稳定，不管是营收，营收也很重要，很多人看净利率，我觉得看营收更重要，这个能反映企业经营长期的稳定性，你看营收，2014 年之后都是 20%~30%的增长率，净利润增速也是在 20%~30%，虽然有波动。另外一个我们经常看的指标，ROE，一个好的公司，或者是好的行业，特别是好的公司，ROE 一定是 15%以上，这种公司才有可能成为牛股的潜质，因为他为股东获取回报的能力特别强，一年 15%的回报率，这是特别好的，而且还有持续性。

银轮股份，这是一个汽车零部件的公司，我们最新开始挖掘的公司，因为它的估值很低，只有不到20的估值，这个也是挺拔豪华的。汽车零部件，汽车行业是整个工业和制造业门类的第一大行业，不管怎么样，零部件的需求各方面增长非常好，这一块儿非常好。另外，它开始转变了，刚开始是做乘用车，或者是做商用车，工程机械的配套，现在开始进入乘用车的体系了，像刚开始的国内厂商配套，开始向国际大的厂商配套，通用、福特，开始进入他们的采购体系里面去了，至少是国际大的汽车厂商开始认他们了。

这是第二个角度，我们从三个维度去看行业的景气：

第一个是从行业估值的变化，我们把万德四级行业，130多个四级行业，按照历史估值，2010年之后历史估值画了四维度的线，按照中位数做了估值高低的行业，现在看来，估值都是挺高的，偏高的太多了，偏低的很少，只有个别的几个行业。

第二个是从行业景气的角度，主要还是跟踪业绩，包括像细分行业关键的驱动因素，销售、价格，构建行业基本面思维的框架，可以把整个行业，130多个行业分到这四个行业里面去，根据自己的需求，你想找反转的行业，肯定是从谷底这里面找，想做减持的，看一看行业是不是处于峰顶了，可以去做一个判断。另外，我们把市场表现也梳理了一下，处于顶部的，一直在创新高的包括家电、白酒、银行、股份制银行，这些都一直在创新高。

我们从这个维度来看，推荐一个通信，中兴通信，烽火通信这个还是挺好的，我就不细讲逻辑了。

第三个是白马，还是很重要的，2017年的环境增长开始下行，大家非常关注白马的业绩，我们把制造业里面所有细分行业的白马全部梳理出来，包括估值，从各个维度去梳理，白马公司肯定是非常值得关注的。

推荐一个公司，口子窖，这个公司基本面还是挺好的，白酒里面估值还是挺好的，大家可以关注一下。

我们的主要观点就是这些，谢谢大家！

（资料来源：本文是作者在2017年6月24日“东方红·宏观经济与金融市场沙龙”发言的整理稿，已经作者审定。）

三、股票价格分化的原因分析

尹中立
（中国社会科学院金融研究所）

内容提要：6月24日在北京大学经济研究所、东方证券资产管理有限公司主办的“东方红·宏观经济与金融市场沙龙”第二次讨论会上，中国社会科学院金融研究所尹中立研究员从壳价值的角度解释了近期蓝筹股与中小创走势分化的原因。由于我国的IPO发行数量、节奏受到行政限制，在中国大陆市场产生了壳价值，也构成了部分对冲策略背后的根本原因。

近期股市最大的特点莫过于蓝筹股与中小创之间的分化了，在中小创股价不断走低之时，蓝筹股却不断走强。把代表蓝筹股的上证50指数与代表中小创股价的中小300指数进行比较可以直观地看出它们之间的分化走势（见图1），这两个指数曲线自2016年以来开始呈现背离的走势，而且喇叭口有扩张的趋势。真可谓“一边是海水，一边是火焰”。

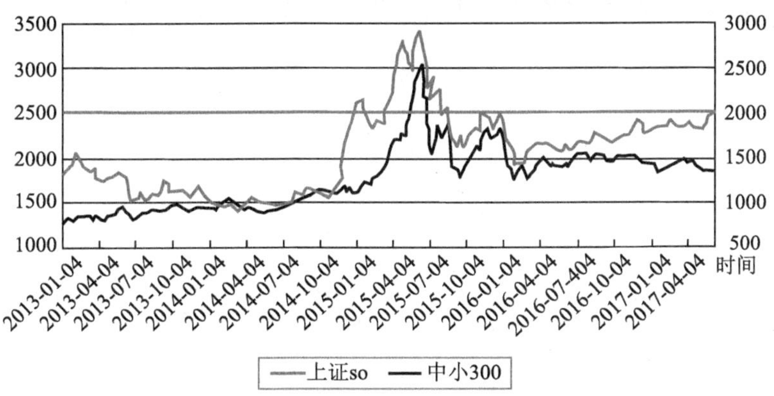

图1　自2013年以来的上证50和中小300指数走势

有人认为这是价值投资理念的回归。我们回顾一下A股市场的历史，大盘蓝筹股很少超越中小创，大部分时间里蓝筹股实际上是不受市场待见的。用价值投资的逻辑很难解释2013年前后股价的分化，2012年底至2014

年蓝筹股指数一路下行，而中小创在这一年多的时间涨了80%（见图1）。

也有人说，是因为国家队护盘导致了股价分化。国家队主要买蓝筹，所以导致了上证50这些大盘蓝筹指数的上涨。但从2017年第一季度的股东名单看，国家队实际在减持这些所谓的白马股，有的甚至是清仓式减持，如格力电器在2016年还有国家队的身影，到2017年第一季度，代表国家队的证金公司已经全部减持。所以用国家队的行为不能解释蓝筹股与中小创的分化。

还有人认为，这可能是市场投资者对科技股的投资偏好在下降。从美国市场看，传统的蓝筹股在当下也不是主流，标普500指数中，科技股的走势明确强于非科技股（见图2），和我们正好反过来。科技股在当下全世界的股市潮流当中受追捧，为什么在中国的科技股却受到了抛弃。难道是中国科技股不行吗？阿里、腾讯和百度等都是中国的科技公司，在全球市场都受到追捧。因此，不是忘了科技行业在中国发展势头不行，是因为我们的市场出了问题。

市场股价的分化从2016年第四季度开始，与新股发行开始常态化的时间一致。因此，有人认为新股发行破坏了市场的资金供求关系，新股发行太快导致了股票下跌，因此，希望能够放缓IPO。但该观点无法解释上证50的上涨。

为什么IPO导致了中小创的下跌，而没有影响蓝筹？为什么同样是新股的发行，只影响到了局部，而没有影响全部，而且不仅没有影响全部，还导致了另外一小部分还在创新高，其背后的逻辑是什么？

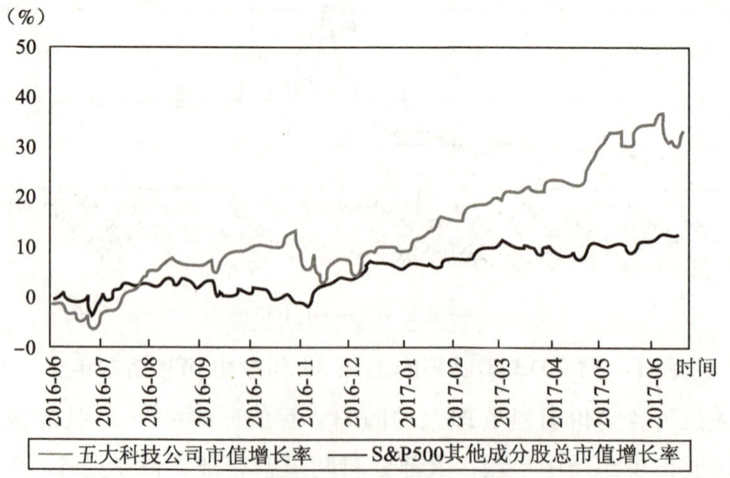

图2　标普500中科技股和其他成分股的公司市值增长率走势

要理解其中的逻辑需要从股票定价理论说起。从股票市场的定价理论来看，股价是上市公司未来现金流的折现，股价取决于三个因子：第一个是这个现金流的预期；第二个因子是无风险收益率；第三个因子是风险溢价。股价与第一个因子呈正比，与后面两个因子成反比。除了这三个因子之外，从理论上来说，其他的所有的因素和股票市场定价都没有关系。

但 A 股市场的股价，不仅仅取决现金流的折现，所有的股票都包含着壳的价值，这是 A 股之特色。股票之所以存在壳价值是因为我们的 IPO 的制度存在行政管制，IPO 的发行数量和节奏，甚至发行的价格都受到严格的行政控制。而成熟市场包括中国的香港市场，实行的是注册制，你只要符合条件，只要有人愿意买你的股票，随时可以发行。在这种随时可以发行的情况下，股票的壳是没有价值的。

所谓的壳公司就是那些没有主营业务，或者是主营业务已经处在难以持续状态的上市公司，它们在股票二级市场交易的市值就是壳价值。壳价值主要取决 IPO 的成本（IPO 成本包括时间成本、财务成本及灰色成本）。当 IPO 处于暂停状态，或 IPO 排队的公司很多而新股发行的速度比较慢时，IPO 的时间成本就高。每个准备 IPO 的公司都会聘请中介机构入场，每年都要向这些中介机构支付费用，这些费用支出就是 IPO 的财务成本。另外，IPO 的过程中还要支付各项灰色的费用。

壳价值除了受 IPO 的成本影响之外，还与二级市场行情有关。向一个壳公司注入优质资产的时候，在二级市场会实现超额的收益，该收益的高低与二级市场情况直接相关，当行情处在牛市之时，向壳公司注入资产会获得比熊市高得多的收益。所以壳的价值等于 IPO 的“成本+借壳收益”。

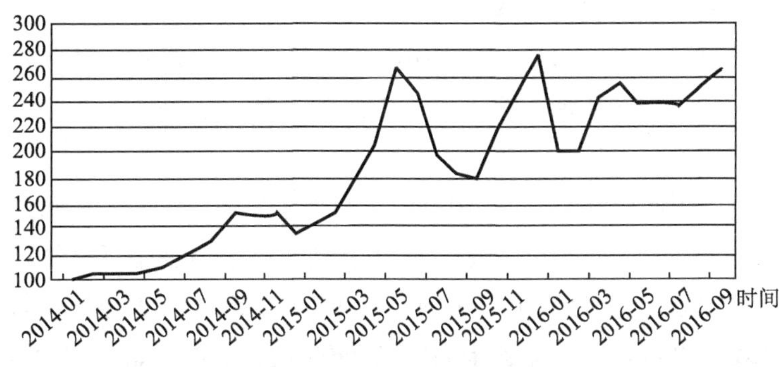

图 3 中国壳价值的走势

我们把沪市市值最小的50家公司视作壳公司，把这些公司进行简单算术平均做出一个指数，这就是中国壳价值的走势图（见图3）。从壳价值指数图可见，2014 年年初至 2016 年 9 月底，A 股壳的价值快速上涨，股灾之后迅速创了新高，壳公司的股票活跃程度远远超越大盘。2014 年以后壳的价值涨了 200%多，主要原因是 IPO 是暂停，在 IPO 暂停的过程当中，很多优质资产是选择借壳上市，所以导致了壳的价值不断地飙升。这个过程当中还有中概股回归的案例，进一步刺激了壳价值的上升。

壳的价值在 2016 年的第三季度达到最高，每个壳的价值大约到了 30 亿元到 40 亿元左右。从 2016 年第四季度开始，IPO 开始常态化，新股发行速度加快，新股排队的时间成本降低，所有的准备借壳的资产，都准备报 IPO，所以壳价值迅速贬值，从 30 亿元到 40 亿元贬值到现在的 20 亿元左右，贬值了约 30%。

壳价值是按个来计算的，每一个公司，不论你股本的大小，壳的价值是一定的，对小盘股，对应的每股所包含的壳价值就很高。因此，小盘股对壳价值的波动远比大盘股敏感。

在壳价值贬值背景下，我们应该做出怎样的操作？我在 2016 年年底出版的《2017 年度中国金融发报告展》蓝皮书里提出来的股市投资策略是“抓大放小，买入蓝筹股，卖出中小板”。市场运行的结果与本人的预测完全一致。这是一种对冲的策略，而且这种对称操作策略已经越来越成为一种潮流。当对冲的操作策略越来越成为一种趋势的时候，成为各种机构共同遵守的交易的一种手段，就会出现这样一个分化。这就是完美地解释了，为什么中小创下跌，而蓝筹股创新高。

同样的逻辑，我们可以解释 2014 年前后中小创领先于蓝筹股。2014 年前后 IPO 暂停，壳价值上升，中小创股价上涨，所以“买入中小创，卖出蓝筹”成为当时对冲的主流。

这里面还顺便解释一下，2014 年 11 月底至 2014 年 12 月底这一个多月的时间，出现了另外一种分化，在这个时间里中小创是下跌的，代表蓝筹的上证 50 在这一个月当中涨了 50%。原因是 2014 年 11 月 21 日，降息降准这个政策出台之后，上证指数突破 2400 点，牛市开始得到确认，所有的机构预期高度一致，大家都急于在最短的时间之内完成建仓，买入蓝筹股成为首选，所以蓝筹股在那个时候出现了大涨。在这个大涨的过程当中，私募的很多机构包括很多基金出现了巨额的亏损，为什么？因为在这之前，他们的对冲策略是“卖出蓝筹，买入中小创”。当蓝筹突然大幅度飙升，账面就出现了较大的亏损，于是恐慌性调整持仓结构，中小创股票遭到抛售，很多机构在这一个月的时间赔了15%左右，于是，出现了“大牛市来临的时候，把熊市里面赚的所有的钱全部赔光了”的怪现象。

何时中小创再度成为我们心目当中的白马王子？取决IPO政策的调整，假如为了稳定市场，重新控制IPO的数量和节奏，重新鼓励借壳重组行为，将导致壳价值重新上涨，则中小创会再次受到市场的追捧，此时蓝筹股有可能被甩卖，市场出现大逆转。

（资料来源：本文是作者在6月24日“东方红·宏观经济与金融市场沙龙”发言的整理稿，已经作者审定。）

新周期之辩

第四期：（2017.9.24）

什么是新周期？在我国当前是否存在新周期？本节第一篇文章，从产业结构的国内外对比、制度供给与保障的方向分析认为，当前我国经济虚实再平衡过程中存在周期因素，但主要是阶段因素。第二篇文章则是从库存周期的角度来看当前我国所处周期阶段，以及未来的经济走势。

一、经济的实与虚

金海年

（诺亚控股有限公司）

内容提要：9 月 24 日在北京大学经济研究所、东方证券资产管理有限公司主办的“东方红·宏观经济与金融市场沙龙”上，诺亚控股有限公司首席研究官、中国新供给经济学 50 人论坛成员金海年分别从产业结构的国内外对比、虚实对比以及虚实均衡制度和保障的角度分析了我国经济的虚与实。并指出，金融资本促进科技创新，和经济将科技成果普惠到大众是金融的核心功能，是经济虚实的根本。金海年认为，当前中国经济处于虚实转换的再平衡过程中主要是阶段性因素在起作用。

金海年：非常感谢苏所长和各位嘉宾。今天我们首先谈谈经济的虚实划分问题。

实体本身尚未有明确的定义，很多人一提到实体就认为是制造业，制造业一定是实体吗？金融一定是虚的吗？

人们对社会发展的认识总是在当时的历史局限下不断进步、不断纠正的，我们只是不断深入认识事物的本质，不断地接近真理。我们曾经重农轻商，错过了最早的资本市场萌芽；我们曾经重视陆地，轻视海洋，错过了新大陆的发现；我们也曾经重视硬件，轻视软件，让印度领先了全球市场；现在我们重视制造业轻视服务业，其实这并非是实体虚拟的标准。

以制造业为代表的第二产业并非等同于实体经济，存在产能过剩、能耗大、污染严重、工资低、就业吸纳能力有限等泡沫成分；而以金融业为代表的现代服务业也有不可或缺的基础作用，可以创造更多的就业岗位、更高的工资、更低的能耗和污染。

只有第二产业、第三产业都以消费者的需求为衡量标准，物质消费和非物质消费都一样重要，第二产业、第三产业都要均衡发展，第二产业过剩也不行，第三产业不足也不行，而新常态下中国第二产业是总量过剩，第三产业是总量不足，必须面向最终消费需求大力发展第三产业尤其是现代服务业，金融业要满足消费需求的融资服务，而不能仅面向第二产业，科学系统的认识经济的虚与实，企业家要在第二产业进行质的转型，挖掘新兴行业，创新新生行业，把握周期行业，淘汰夕阳行业，更要在第三产业创造和挖掘新机会，中国才能跨越中等收入陷阱，推动经济在新动力下持续前进。

（一）从中美经济的差距看产业结构潜力

以人民币计算，2015 年中国 GDP 为 67.67 万亿元，美国为 111.78 万亿元，美国高出中国约 65%，而人均水平更是中国的 7 倍。

从近年来的三大产业增长的比较上看（见图 1），2015 年中国第一产业（农业）已经达到美国的 4.99 倍，略高于中美人口之比的 4.27，由于人均农业需求几乎是恒定的，可以说第一产业在总量上已经接近增长的平衡点。

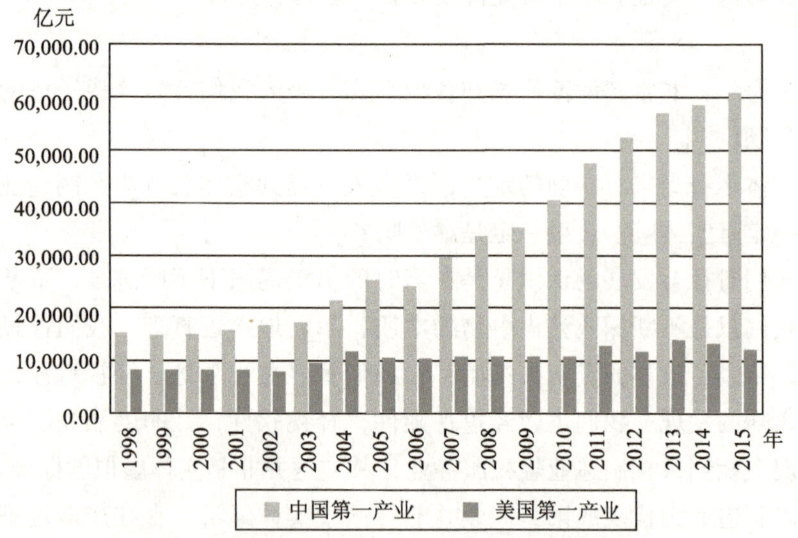

图 1　1998—2015 年中美第一产业比较[①]

在以制造业为代表的第二产业方面（见图 2），中国在 2011 年从总量上超过了美国，到 2014—2015 年增速开始明显放缓，部分行业产能过剩意味着原来高速工业化进程已接近完成，粗放增长带来的高能耗、高污染更

① 图 1~图 8 由诺亚研究高级研究员齐雯根据国家统计局与世界银行数据整理。

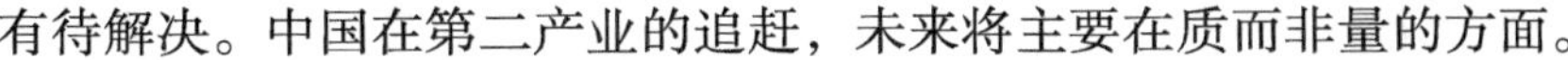

有待解决。中国在第二产业的追赶，未来将主要在质而非量的方面。

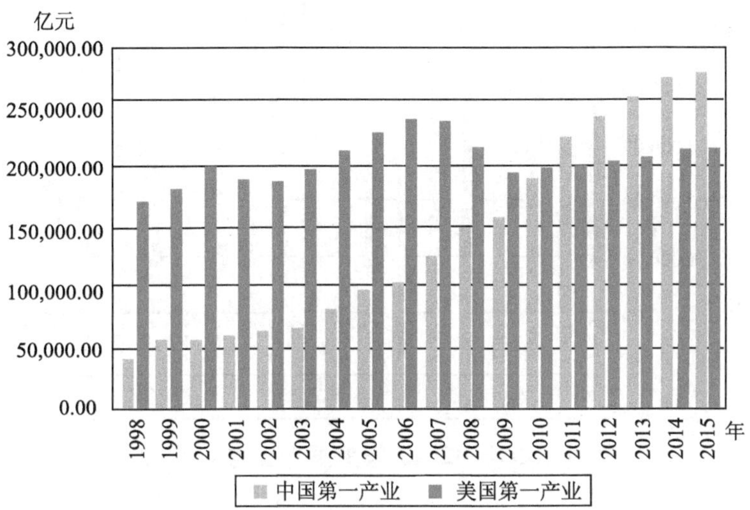

图 2　1998—2015 年中美第二产业比较

第三产业则是中美差距所在（见图 3），美国第三产业产值是中国的 2.6倍，而美国的第三产业占整个 GDP 的比重达 80%，是美国经济的重要支柱。未来中国的追赶，第三产业在总量上有巨大的潜力和空间。

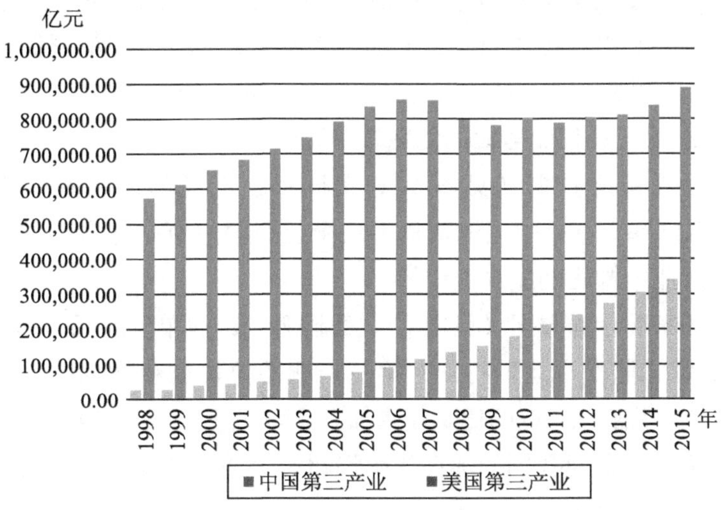

图 3　1998—2015 年中美第三产业比较

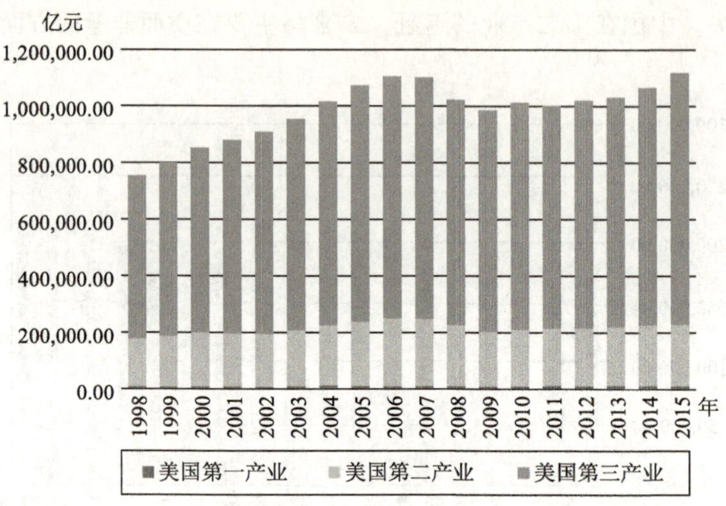

图4　1998—2015年美国产业结构变化

（二）中国产业结构虚与实的比较

人们在虚实认识方面一直存在历史局限性。在古代，中国重农轻商导致错失资本主义和市场经济发展的先机；在军事上，中国曾经重视陆地轻视海洋，导致了闭关锁国和海洋权益被盗占；在信息时代初期，我们重视硬件轻视软件，导致了我们在知识产权方面发展滞后；现在，我们视制造业为实体、视金融等服务业为虚拟，可能会耽搁产业结构现代化的转型。

1. 制造业与现代服务业的能耗效率比较

根据世界银行数据（见图5），美国单位能耗的产出效率比中国高42%，而德国和日本是中国的两倍，这个差距固然有技术方面的原因，而主要是由产业结构比例差异造成的。

根据国家统计局数据（见图6），我国第二产业单位能耗是第三产业的2.5倍，如果扣除交通运输行业，第三产业的单位能耗指数则仅为第二产业的1/6，如果第三产业的比重能增加到70%以上，整体GDP能耗效率将至少提高75%，届时我国的能耗效率将超过美国，如果再考虑科技进步因素，效率会提高更多。

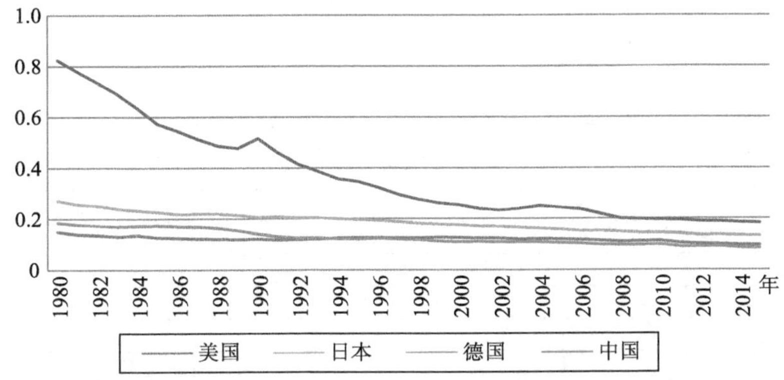

图 5　1980—2015 年中、美、日、德单位 GDP 能耗（国际标准）

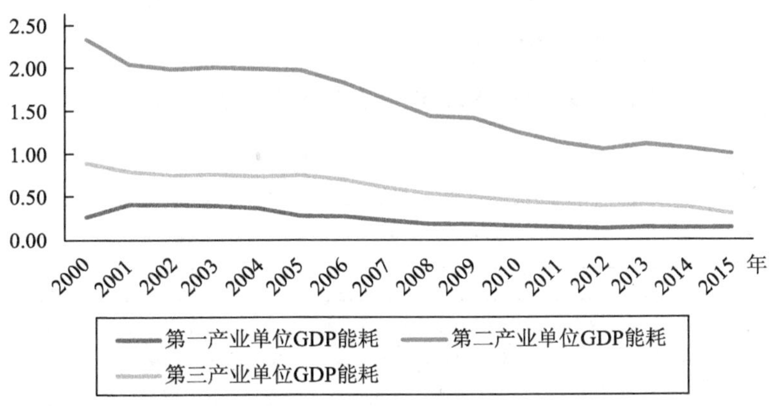

图 6　2000—2015 年中国三大产业单位 GDP 能耗指数

2. 就业比较

根据世界银行数据，美国第三产业创造了超过 81%的就业岗位，第二产业仅有 17%左右。中国自 1994 年起，第三产业的就业机会就多于第二产业，从 2013 年起，第二产业就业岗位开始下降，第三产业就业岗位却同时更快增加（见图 7）。在新常态下，第三产业将成为吸纳第一产业和第二产业的主要就业方向，并形成中国重要的中产阶级群体。

3. 收入比较

在工资收入和增长速度方面，第三产业也表现突出（见图 8），由低工资形成的人口红利并非真正的红利，工资高、消费能力提升带来的生活水平的改善才是中国人真正的红利。第三产业具有能耗低、工资高的特点，

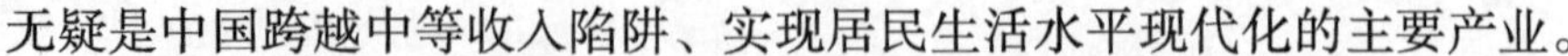
无疑是中国跨越中等收入陷阱、实现居民生活水平现代化的主要产业。

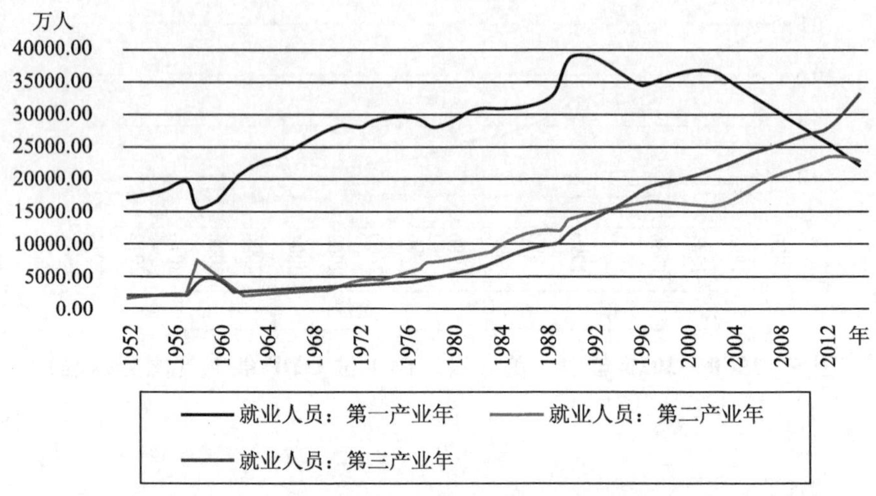

图 7　1952—2015 年中国三大产业就业人数

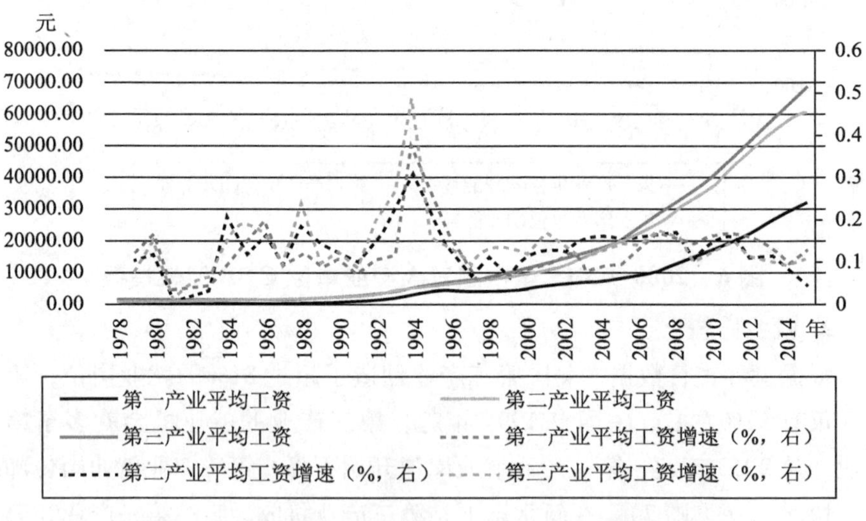

图 8　1978—2015 年中国三大产业工资收入比较

由此，我们发现制造业并非完全实，服务业也并非虚，可以预见，中国未来的现代服务业将在总量上成为国民经济的主体部分，而制造业需要在质上进行改善。从行业周期和发展趋势上来分析，制造业将分为新兴行业、新生行业、周期行业和夕阳行业。新兴行业是指由于新科技产生的新行业，如人工智能带来的传感器元器件等；新生行业是指由于技术换代形成的行业升级，如新能源等；周期行业指伴随人口变化和经济周期波动的领域，如房地产、钢铁等；夕阳行业指逐渐被新技术淘汰的领域，如 BP 机、个人电脑等。如果不能适应新科技、新消费，实体制造也是过剩的产能、过剩的泡沫和污染的垃圾；如果能够给人们带来消费的创新，服务业也成为刚需，金融行业也成为科技创新和消费升级的资本之翼。

（三）中国产业结构虚实均衡的制度供给与保障

综上分析，判断行业是否虚实、是否泡沫、是否过剩，应该站在消费者的角度，如果能够满足消费的市场需求，在上游满足这些最终消费需求的原材料资源、金融资本和人力资源等生产需求，就是实在的，如果超出市场的需要，无论是制造业还是金融行业，都是过剩的泡沫。有两种情况可能市场不一定能够很好地判断是否泡沫，一是价格波动对应的生产反馈周期滞后，可能就会造成更加剧烈的波动，使市场难以自行出清或恢复均衡；二是污染和生态破坏造成的外部性，形成了社会成本，无法自动成为行为企业的内部成本，使其破坏行为难以得到社会成本的有效约束。这时，就需要政府制定相应的法律、政策等制度，控制波动的幅度，内生外部性成本，弥补市场失灵的缺陷。

因此，应面向最终消费、中间生产和资源供给三个层面形成市场均衡机制，具体供给两类机制需要的制度：

1. 金融均衡调节机制：对金融波动和风险防范要建立投融资均衡和逆周期波动的机制，解除对金融创新的约束和限制，回归金融作为投资与融资平衡的本质。如果金融过度偏重投资，而忽视了融资的功能，投资回报与融资成本、融资企业的价值创造相脱节，就会产生泡沫，导致金融失衡。

2. 外部性内生化机制：对污染与生态破坏建立资源税、排放税等根据程度和数量动态计算的税收成本机制，改变企业的投入产出对比，使企业愿意投入进行污染与排放的减轻与防范机制，避免或者放任污染排放、或者停产停业等极端的措施，将金山银山和绿水青山结合起来，使人们能够充分享受现代科技文明带来的生活水平的提高，使经济活动与生态环境达到和谐均衡。

（四）从经济的虚实之辨追溯到经济与金融的核心功能

讨论经济的虚和实，从根本上来讲，还要追问经济和金融的根本作用或者核心功能是什么？其实就是两个：一是金融资本促进科技创新；二是经济将科技成果普惠到大众。

在座的学生、老师以及金融机构的高管，都没有原来的皇帝贵族财富多，但生活水平和质量却比皇上还好，大家有手机、有空调、有轿车、有彩电、有互联网、有冰箱，能坐飞机，能享受更好的、发达的现代医疗服务，北京居民的预期寿命已经超过83岁。这些都源于科技的进步，这些科技成果都需要资本的推动，都需要企业来普及。当年的福特公司通过流水线技术大大地降低了汽车的成本，使汽车普及到了普通老百姓的家中。现在的中国人，即使再穷也都有了手机，中国的移动用户是全世界最多的，这才是推动人类社会进步、提高人们生活水平的根本。

（五）当前中国经济虚实的再平衡过程有周期因素，但主要是阶段因素

当前中国经济处于虚实转换的再平衡过程，既包括周期性的因素，也包括非周期性的因素即阶段因素，但阶段因素起更主要的作用。这些阶段因素包括消费升级（高品质和高层次消费）、产业结构现代化（从工业革命到第三产业逐步成为主体）、城镇化、国际化和老龄化，这些是中国经济发展变化的主要因素，但都是一次性的、非周期的因素，如罗斯托发展阶段理论所述，是中国高速增长阶段的表现。等中国成为发达国家以后，才会有像美国、欧洲、日本等发达经济体的房地产周期、金融周期等周期因素成为主导。

以上是我对中国当前经济走势的基本看法，谢谢大家！

（资料来源：本文是作者在9月24日“东方红·宏观经济与金融市场沙龙”发言的整理稿，已经作者审定。）

二、有没有新周期？——库存角度的解读

王静文
（民生银行研究院）

内容提要：9月24日在北京大学经济研究所、东方证券资产管理有限公司主办的“东方红·宏观经济与金融市场沙龙”上，民生银行研究院研究员王静文分三个部分从库存周期角度解读新周期：第一部分，为什么要关注库存周期；第二部分，当前库存周期的阶段；第三部分，从库存视角看一下经济走势。

王静文：尊敬的苏教授，各位专家，各位老师，各位同学，大家下午好！我是来自民生银行研究院的王静文，今天下午跟大家分享的一个问题，到底有没有新周期。

过去这几个月市场上最热的话题其实就是新周期，我记得在一个群里讨论，他们说早些年，只有读研究生，读博士的时候，那些考分比较低的学生才会去做这个课题，而且很难毕业，而过去这几个月，几乎所有人都在讨论这么一个问题。我在今日头条上有一个原创号，本来也想发一篇新周期的文章，后来没通过，说类似的文章已经太多了。

今天下午，我想跟大家从不同的角度来分析这个问题，即库存周期的角度。共包括三个部分：第一个问题是要看一下为什么要关注库存周期；第二个问题是目前处于库存周期的哪个阶段；第三个问题是从库存视角看一下经济走势。

说到周期，我们有必要先做一个小小的科普或者是分类，经济学教科书里已经学到过，经济周期由长到短可以分为四个：第一个是康德拉季耶夫周期，需50~60年，第二个是库兹涅茨周期，即房地产周期，平均为20年。第三个是朱格拉周期，就是产能周期，平均8年。第四个是基钦周期，也就是库存周期，大概是4年。康德拉季耶夫周期，大家都听说过，但是没见过，比如说，我们现在觉得工业革命似乎是轰轰烈烈的，但是当时当

地的人几乎没有任何的察觉，所以今天我们就不讨论这个长周期了。重点看一下库兹涅茨周期、朱格拉周期和基钦周期。

首先是库兹涅茨周期，房地产业作为周期之母，短期内对中国的经济增长有着巨大的贡献。房地产增加值在 GDP 里的占比基本上呈单边上升的态势。房地产的销售量，呈现出周期波动的态势，房地产的上行期对经济增长有非常强的拉动作用，自 2017 年以来，经济之所以表现比较稳健，充满韧性，跟房地产市场的销售没有过速下滑密切相关。其次一、二、三线城市的房价指数，之前基本上是同涨同跌的，2017 年则出现了比较明显的分化。一、二线城市已经掉头向下了，三线城市还在加速赶顶的过程当中。这是短期来看房地产周期的现象。

长期来看，大家都有一个共识，中国的房地产业已经进入长周期的拐点，开始进入下行阶段了，可以从几个因素来分析。首先是人口增速，“70 后”“80 后”时期有一个婴儿潮，但是到了“90 后”，人口增速已经开始大幅度放缓。城镇化在 20 世纪 90 年代，21 世纪头十年的时候，还是快速上升的态势，但是最近几年，城镇化的速度也是在放缓。用的是居民按揭贷款占住宅销售额的比重代表居民加杠杆的程度，2015 年、2016 年出现了快速上升的态势，现在大概占了 60%，加杠杆基本上已经接近极限。从 M2 来看，之前我们经历了快速上升的态势，流动性过剩，但是现在 M2 增速已经降到了 10%以下，最近几个月都在个位数，未来货币应该也是一个稳健中性的态势，流动性不再像之前那么充裕了，所以，综合来看，房地产很难再获得长期上涨的动力，这个在经济学圈里面已经形成共识。从政策面来看，习大大提出来“房子是用来住的，不是用来炒的”，房地产市场长效机制正在加快构建当中包括供地制度，财税制度，租赁市场，平台建设，配套改革一系列政策都在推出过程当中，这些都会对房地产市场形成长期制约。之前房地产作为支柱产业的时候，整个国家所有的力量都是往房地产里面赶，但是现在，我们要逐渐脱离房地产，更加脱虚向实，这是房地产周期，其实已经形成了共识。

接下来比较有争议的其实是产能周期，2017 年过去这几个月，争议最大的就是产能周期，或者说朱格拉周期。从实际中我们确实可以看到，产业集中度是提升的，产能利用率也在改善，有些首席经济学家把这作为新周期最重要的论据。但是从几个指标来看，制造业投资增速和设备工器具购置的投资增速，最近几个月并没有表现出向上的势头，特别是设备工器具购置投资 8 月甚至出现了环比下降，从短期来看，新周期很难说是客观存在的。从理论上来说，即使产能利用率提高，产业集中度提升，但也只是在供给端有所改善，如果要真正进入新周期，没有需求端的支撑，可以说是虚幻的。所以我觉得，产能周期“八字只有一撇”，这跟苏剑教授最近发的一篇研究报告主题是一致的。

第三个是库存周期，是影响经济波动非常重要的因素，下面这个表是 2016 年上半年和 2017 年上半年三大动力对经济增长的贡献对比。资本形成里面分成两块：固定资产投资和存货。存货在 2017 年上半年的时候，对经济增长有 0.7%的贡献，而净出口是 0.3%的贡献。苏教授也非常敏锐地观察到了，他认为 2017 年经济表现比较好主要是出口的贡献，其实存货的贡献也是不容忽视的。库存周期会在短期之内对经济波动产生非常大的影响，特别是在上升期的时候，企业主动补库存，会助涨，下行期的时候，企业主动去库存，会助跌，这就是我们为什么关注库存周期，如果从库存周期的角度来看，我们已经进入了 21 世纪以来的第六个产能周期。

那么，我们现在处于库存周期的哪个阶段呢?

图 1 是一个理论上的解释，把需求和库存画成两条线，总体来说，库存调整要滞后于需求变动。在需求进入拐点，开始进入上行期的时候，而库存不一定能够及时跟上，库存的拐点要滞后于需求的拐点，在库存经过低点开始进入上行期，跟需求同时上行时，企业开始主动补库存。接下来，在需求经过拐点进入下行阶段时，企业因为对市场反应的滞后，一些订单还在加速生产，进入被动补库存的阶段。接下来是库存周期经过下行拐点，而需求还是往下走的时候，企业开始主动去库存。接下来是需求好转，开始往上走，带动企业库存减少，这个时候是被动去库存。一个完整的库存周期，基本上就分为四个阶段。

这一轮库存周期是从 2016 年的 7 月开始启动的。启动的时候有两个特征：一是表现为从上游向中下游传导，为什么是从上游向中下游传导，而不像之前的库存周期是从中游或者是下游向上传导呢？主要因为我们在 2015 年末 2016 年初时，启动了供给侧结构性改革，特别是去产能这一项，导致上游产品的价格出现了大幅度地上涨，接下来逐渐向中下游传导，因为中下游的产业他们需要备货，特别是预期到价格继续上涨的话，可能要开始补库存。

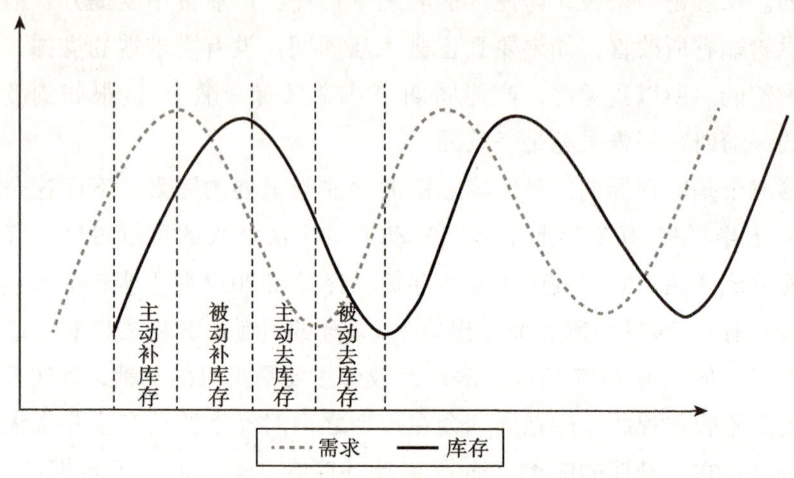

图 1　库存周期的阶段划分

但是，价格上涨向中下游的传导是偏慢的，从 PPI 和库存的拐点可以看到，滞后了 5~6 个月的时间，而之前基本上都是滞后 1~3 个月。为什么会有这么长的时滞呢？因为只是供给端开始上涨，但是需求端并没有明显的好转。直到 2016 年中之后，随着房地产投资和基建投资，以及出口的边际改善，才对制造业库存回补形成了支撑。而这一段，中国经历了五轮降息，五轮降准，金融环境的改善也对需求的回升起了非常大的推动作用，这是启动前期的两个特征。

目前应该进入了主动去库存阶段。我们按照四个阶段的划分先看一下。首先是被动去库存，被动去库存是从 2015 年 12 月至 2016 年 6 月，我们主要看两个指标，工业企业的主营业务收入，这个代表需求因素，工业产成品的库存指数，这个代表企业库存。从 2015 年 12 月至 2016 年 6 月，需求已经开始向好，带动企业库存回落，这个时候是被动去库存。从 2016 年 7 月开始，工业产成品库存和企业的主营业务收入增速同时上升，这是主动补库存。2017 年 4 月开始，企业的主营业务收入见顶回落，产成品库存还在回升，4 月两个指标呈现出非常明显的被动补库存的特征。此后的 5

月和6月，库存增速继续回落，企业的主营业务收入则是持平和微幅回升，这个时候呈现了一定的周期紊乱的特征。5月和6月这两个月比较奇怪。从7月开始，两个指标同时回落，这个时候就是非常明显地主动去库存的阶段了。

为什么在企业被动补库存阶段出现了紊乱呢？在经济本来应该向下走的时候，却表现出了强韧性，库存本来应该往上走的时候，企业却维持了低库存，大概跟这几个因素有关。经济之所以表现强韧性，首先是房地产市场韧性十足。2017年上半年房地产销售面积增速是16.1%，比前5个月有所加快。6月当月的房地产开发投资比5月回升，主要是因为三、四线城市在去库存的思路之下，通过棚改货币化的因素拉动了销售，推动房价加速赶顶。另外就是6月当月的基建增速比5月大幅度回升，这跟6月的财政支出超预期投放有关系，社会消费品6月比5月份好转，出口也是6月比5月好转，这些因素共同导致上半年经济增速保持在6.9%、超出市场预期，也是新周期理论之所以在一定程度上得到市场认可的重要原因。

库存为什么没有向上走呢？我们可以看到官方制造业PMI中产成品库存4月达到高点，5月、6月、7月都是在回落，第二季度PPI连续三个月环比下降，而这一阶段市场利率是在抬升，所以企业面临的实际利率上升，这个时候企业并没有加大库存投资。实际上，从2017年年初以来，企业对未来的前景还是相对谨慎的，只是按订单生产维持较低的库存水平，这个也是为什么月度之间经济表现差异比较大的原因。如果跟踪月度数据就可以看到，4月数据大幅度地往下走，5月持平，6月回升，7月、8月又在往下走。随着宏观数据开始变坏，周期品的价格明显回落，产能新周期的观点已经在很大程度上被证伪。

最后从库存的视角展望一下经济走势，还是从两个端来看，首先是生产端。我们可以看到，2017年7月、8月的时候，周期品的价格曾经出现了大幅度的上升，这曾经被认为是新周期的例证。但是周期品上涨，其实并没有这么强的需求支撑，而是跟短期冲击密切相关的，即环保督察。习总书记在7月26日省部级领导干部研讨班上的讲话明确提出，“要坚决打好防范化解重大风险、精准脱贫、污染防治的攻坚战”，这也被认为是“十九大”之后，中央最关注的政策目标。加上环保部部长换人，以及第四轮环保督察开始启动，市场发现这轮环保督察远远比前三轮更严厉。8月我曾经到上海那边参加一个会议，跟绿地集团的人聊天，他说他们所有杭州的项目全都停工了，主要是因为一些可能会产生扬沙、污染的原料停工，他们的项目也被迫终止，而第三轮督查上海时他们的项目并没有受到影响，所以2017年环保的严厉程度是要远远超出之前几轮。由于受到停产限产影响，部分产品价格出现了飙升，带动了8月PPI环比上升0.9%，同比上涨6.3%，第二季度PPI曾经连续3个月环比下滑，但是7月的时候，已经开始环比回升，8月环比涨幅也是远远超出市场预期。目前环保督察已经结束了，前期暴涨的周期品价格已经开始回落，PPI的环比回落预计出现在10月，如果PPI在第四季度会继续走低的话，会导致企业主营业务收入增速回落，企业所面临的实际利率走高，产成品库存很难上升。从生产端来看的话，企业可能还是会处于主动去库存的阶段。

从需求端来看，一些负面的因素可能更多一些。

首先是房地产开发增速可能会继续回落，虽然目前房地产销售呈现韧性，但是仍处于回落的通道中，后续会通过销售量传导到资金来源，传导到房价，传导到投资增速，再传导到新开工，所以投资回落也是大概率事件。而且现在全国房地产库存已经降到近三年以来的新低，证明去库存政策已经收到效果。这个周末我们可以看到，好几个城市已经开始收紧房地产调控力度了，说明去库存政策开始转向。而“十九大”之后，房地产调控预计仍然不会放松，中央还会继续贯彻“房子是用来住的，不是用来炒的”原则，加快构建长效机制，减弱房地产依赖症，从第四季度，或者2018年来看的话，房地产开发投资增速预计会继续回落。

其次是基建投资也很难以保持高速增长。上半年几个部委规范了地方政府举债融资行为，金融工作会议强调要对地方债终身追责，这些因素都会导致资金来源进一步收紧。上半年财政支出超预期投放，下半年用于基建的投资可能面临回落的压力，PPP落地高潮已过，民间资本持观望态度，这些因素导致基建投资难以维持在目前接近20%的增长平台。

最后是出口增速可能也会回落。2017年上半年，全球经济是非常好的，表现出复苏共振，主要还是因为受到中国和美国两个大国的带动。而从中国来看，随着基建和房地产两大动力的衰减，接下来经济应该会渐进放缓，而美国特朗普新政远低于预期的目标，美联储的货币政策正常化的效应也将逐渐显现，所以美国经济难以继续加速，这是两个大国。接下来是欧洲的一些主要国家，他们增长的硬数据是远远弱于软数据的，PMI、投资者信心和消费者信心指数等软数据很不错，但是消费、投资这些硬数据其实并没有软数据表现出来得那么好，而欧洲可能也面临货币政策的转向。再加上自第二季度以来人民币的大幅度升值对出口的拖累，所以我认为，至少从第四季度开始，出口增速也是会渐进回落的。

如果这几个需求因素都在往下走的话，库存投资很难出现上行。所以，我们可以得出结论：由于生产端和需求端双双回落，预计第四季度企业将会延续主动去库存的阶段。相比去年同期的主动补库存，库存的变动会加剧经济的下行压力，我们预计第四季度的增速大概是6.6%。

第二个结论相对乐观一点。由于企业一直维持低库存状态，以及随着产业集中度的提升，预计企业的库存去化不会表现得特别剧烈，未来库存周期对经济的冲击应该也会相对和缓。

以上就是我从库存的角度对经济做的短期分析，谢谢大家的时间。

（资料来源：本文是作者在9月24日“东方红·宏观经济与金融市场沙龙”发言的整理稿，已经作者审定。）

汇　率

第五期：（2017. 9. 24）

影响汇率走势的因素很多，本节三篇文章从不同的侧重点对其进行分析。第一篇通过对近期影响较大的国际事件与汇率波动之间联动关系进行分析、预测未来的汇率走势。第二篇以大国货币为切入点分析，认为美元与欧元的关系映射出的是金融货币与工业货币的对峙。第三篇则立足于对人民币汇率的形成机制、影响因素进行分析。

一、近期人民币升值的原因和未来走势

苏　剑

（北京大学国民经济研究中心主任、教授）

内容提要： 五大因素导致了本次人民币升值。第一是中美两国在人民币汇率问题上的立场，第二是中美经济形势的变化，第三是出口回暖，第四是预期变化，第五是中国采取了严格的资本管制。预计今后人民币汇率会相对稳定，在较小的区间内波动。

我从我的角度来看一下这次人民币升值的原因，并对它未来的走势做一个判断。当然我也不是专门研究外汇和汇率的，主要是从我对宏观经济以及宏观经济政策的理解来判断汇率的走势，很显然，可能不那么全面。

首先，人民币到现在为止升值的原因有这么五个。

1、美国对人民币汇率的立场。去年特朗普一当选，我们沙龙就举办过一次讨论会，讨论特朗普当选之后的中美经济形势。当时我做了一个发言，探讨特朗普需要什么样的经济政策。特朗普其实需要的是弱美元，因为他需要解决贸易逆差的问题，所以他需要的是弱美元。而中国当时面临的是人民币贬值和外汇大幅流出的问题。所以中美两国在人民币汇率的立场上其实完全一致，没有任何分歧，中国不想贬，美国不想升，这两个国家只要能够进行政策的协调和沟通，很容易形成共识，会让人民币贬值的走势逆转过来。

2017 年 4 月，习近平主席跟特朗普在美国见面，两个人一谈完，习近平主席回来了，4 月底人民币就开始升值，到现在升值大概有 6%左右，升值幅度是非常大的。作为学术界的人，我们当然不知道人家有没有政策协调，我们只能猜测，但按照这个时点来看，汇率走势跟二人的会晤两者吻合得非常好。他们两个人见面的照片出来的时候，我在我的微信朋友圈里把照片放上去，写了一句话，“人民币贬值过程结束，进入稳中微升模式”。现在看来，这个判断方向是对的，但是还是判断不准确，因为我判断的是“稳中微升”模式，实际上这几个月升幅相当剧烈，这是我当时判断不准确的地方。

我们这个团队每年年底都有一个《中国经济展望报告》。2016 年年底我们写《中国经济展望报告（2017）》的时候，我要求他们必须认真考虑人民币升值的风险。所以 2016 年年底的时候，多数人都讨论人民币进一步贬值的问题，我们当时讨论的是人民币升值的风险。这是我们那时候的判断，当然那时候我们就根据这一个因素进行判断，现在回过头来看，虽然人民币的确升值了，但导致升值的原因又不完全跟我们的判断一样。

2、回过头来看，人民币这次升值之所以这么剧烈，第二个原因就是中国经济形势确实有所好转，2017 年和 2016 年相比较，增长率从 6.7%涨到了 6.9%，这给人民币升值提供了经济基本面的支撑。

3、这次经济回暖是出口增加导致的，进一步为人民币升值提供了支撑。这段时间大家都讨论新周期的问题。中国从 2016 年的 6.7%的增速提高到 2017 年 6.9%的增速，增速提高了 0.2 个百分点，这 0.2 个百分点是怎么来的，总需求的几个部分里面，由谁来贡献的呢？对此我们做了一个测算，我们认为，主要是出口的贡献，出口的贡献本身大概就有 0.2 到 0.3 个百分点，加上乘数效应就有 0.5 个百分点。这意味着经济增长了 0.2 个百分点，实际上从国内需求的角度来看，总体来说是恶化的，不是改善的。如果有新周期的话，这个新周期是国外因素导致的，而不是国内因素，国内因素实际上是在恶化。但是在国内因素里面，在投资和消费的结构方面可能也有变化，消费的贡献在上升，投资的贡献在下降，但是总体来说，国内需求对上半年经济的贡献其实是在下滑的。

4、预期变了。2016 年年底的时候，美国经济在恢复，美元在加息，中国经济增长速度在下降，所以大家一片悲观，2016 年人民币贬值跟这个有关系。到了 2017 年，大家可以明显感觉到预期变了，美国增速没有以前想象的那么好，中国增速没有以前想象的那么坏，而且是比以前改善了，提高了，所以预期就发生了变化。

5、人民币升值最关键的因素之一，是中国实行了严格的资本管制，这是导致人民币升值另外一个非常重要的因素。

我认为，这五个因素合在一块儿，导致了近期人民币的升值，而人民币升值的导火索就是习近平主席和特朗普的会面。

下一步人民币汇率怎么走呢？我个人认为还是要看中美两国的经济形势和政策取向，尤其是中国的经济走势。

首先中国和美国关于人民币汇率的立场，美国依然是希望中国升，这个立场是没变的，对于美国来说，不在乎你升到哪儿去，只要升，别贬就行，升到哪儿去影响的是你自己，对于美国目前来说只有好处，没有坏处。对于中国来说，立场其实也是倾向于升，他也不希望贬，为什么呢？我们国家现在面临的外汇流出的压力有多大，虽然现在人民币升值了，但是我们应当看到，如果没有资本管制的话，就不是这样。中国现在很多人都想把钱汇出去，很多人都想换美元，人民币是升值的，还是有这个意愿的，在这种情况下，中国还是希望稳住人民币，让人民币有升值的倾向，这样的话，资本流出的幅度弱一些，有助于人民币汇率和外汇储备的稳定，中国只想人民币升，不愿意贬，美国也是只想人民币升。中国在汇率上的立场是防贬重于防升。

经济的走势，刚才几位专家都说了，中国经济 2017 年是前高后低的走势，基本上已经确定，接下来经济走势应该比不上上半年了，所以在人民币升值方面，经济的支撑应该说弱了一些。

其次是预期，其实人民币升值的预期慢慢形成了，同时又开始淡化，因为人民币汇率已经升到 6.5 了，升到这个份上，很多人都开始嘀咕了，还能升吗？这意味着大家的预期在慢慢调整。

最后是人民币要是升的话，能升到什么份上？考虑一下前期的高点是 6.1，你想想人民币升值，有可能升到 6.1 吗？怎么想都觉得不大可能，既然升不到 6.1，现在已经 6.5 了，如果现在不会立马就往回调的话，可能还会继续再升一点点，接下来很可能就在一定的波段内波动，往上升的话，我个人猜测能升到 6.4，可能撑死就是 6.3，再往回调，也就是贬值，但也贬不到哪儿去，因为中国和美国两个政府的立场决定了人民币不能再贬。

接下来的人民币汇率，我个人的感觉，相对来说比较稳定，但是在一定区间内波动，在今后这一两个月内，升的可能性大于贬的可能性，汇率这个东西的变化太快，要是预测三个月以后的，一般情况下错的比正确的多，但是一两个月之内的事情，马马虎虎还有点把握。

这就是我的判断，谢谢大家！

（资料来源：本文是作者在9月24日“东方红-宏观经济与金融市场沙龙”发言的整理稿，已经作者审定）

二、全球货币政策新动向与外汇市场走势

王有鑫
（中国银行国际金融研究所）

内容提要：9月24日在北京大学经济研究所、东方证券资产管理有限公司主办的“东方红·宏观经济与金融市场沙龙”上，中国银行国际金融研究所研究员王有鑫从国际视角分析外汇市场走势。全文分为两个部分：第一部分对上半年全球外汇市场走势进行回顾，第二部分是对下半年甚至2018年外汇市场走势进行展望。

王有鑫：感谢苏老师，感谢北大提供这么好的平台跟大家分享我对近期汇率走势的一些看法和观点。今天演讲的主题是“全球货币政策新动向与外汇市场走势”。

今天的会场场地富丽堂皇，主色调跟论坛主题“东方红·宏观经济”比较切合，东方红体现中国经济欣欣向荣，其实不仅中国经济呈现“东方红”，西方国家也表现了“西方红”的特点，整个全球经济走势都比较好。

最近一段时间外汇市场，人民币汇率波动比较大，我们对汇率未来走势也比较关注，最近做了一些研究，去一些企业调研走访。举几个例子来看，汇率波动对企业和居民的影响比较大，从居民角度来讲，年初购汇的汇价在6.95左右，到近期最高的时候，人民币升值大约7%，2017年境内人民币理财产品收益率也步步走高，将近4%~5%。如果在年初把手里的人民币资产换成美元，实际上考虑购汇成本在内的机会成本超过10%，相当于潜在的投资损失超过10%，这个损失远远大于炒股或者是购买美元带来的收益。从这一点来看，汇率变动对居民个人资产配置影响很大。当然对企业的影响也非常大，举两个小例子，最近与企业座谈，有的企业举例，仅在“811”汇改之后三天，企业账面汇兑损失就超过十几亿元，而另外一家企业2016年90%的经营利润都被汇兑损失侵蚀掉了。

从这几个案例可以看出，汇率波动对个人和企业的资产配置影响非常

大，所以做好汇率预测，对每一个人，每一家企业都非常重要。

后面几位专家都会讲到人民币汇率，今天我主要从外部视角，从国际角度给大家提供一些分析。今天演讲主要分为两部分：第一部分对上半年全球外汇市场走势进行回顾，第二部分是对下半年甚至2018年外汇市场走势进行展望。

从上半年来看，金融市场波动的主题围绕“一个背景，一个主题，两大事件”。一个背景是全球经济复苏加快。这也跟主题相扣，即全球经济复苏加快，给主要的发达经济体收紧货币政策提供支撑。美联储从2015年12月开始首次加息包括2017年上半年的两次，此轮一共加息四次。此外，美联储正式讨论缩表，9月议息会议宣布在10月启动缩表，美联储货币政策走向成为扰动全球金融市场最大的风险点。作为全球主要央行，美联储货币政策变动，不可避免地会带动其他发达经济体和新兴经济体货币政策发生相应调整。

两个事件，主要是政治事件。2017年是欧洲大选年，年初的荷兰，之前的法国，最近的意大利、德国大选等都会依次展开。考虑2016年11月底，特朗普意外上台，给了全球一种不确定性，释放出一种信号，是不是逆全球化、民粹主义势力要上台呢？所以2017年年初，大家对欧洲市场，对欧洲大选的信心还非常不足，大家认为欧洲大选情况会成为扰动国际金融市场重要的因素。另外，特朗普执政以来的政策走向，也会影响国际金融市场，后面我们会详细展开。

接下来看一下全球经济走势。金融危机以来，全球经济复苏步伐比较缓慢。从国际贸易、工业生产这些代表实体经济发展的数据来看，2016年走势都比较疲软。过去国际贸易增速都超过全球经济增速，但是金融危机之后，国际贸易增速降到与全球经济增速相当。但是，2017年以来，投资、贸易等实体经济指标都呈现翘尾回升态势，表现非常好，这是实体经济的情况。从市场信心角度来看，PMI指数、OECD消费者信心指数等指标，2017年也呈现向上态势。所以从这两方面来看，都说明全球经济加快复苏。我们也预测，2017年全球经济如果用市场汇率来核算的话，经济增速将达3%，而2016年仅有2.5%。

从金融稳定性角度看，上半年金融稳定性也在加强。一方面受益全球经济好转；另外一方面，得益美国特朗普交易行情退潮。特朗普政策大都没有如期推出，弱化了美国对全球经济的影响。所以从我们构建的美国金融危机风险指标也可以看出，2016 年处于不稳定区域，但是 2017 年以来已经进入了安全区域，体现了全球金融市场相对稳定的态势。这也与股票市场 VIX 波动率指标的走势一致。

下面分国别来看各国经济复苏和汇率走势情况。首先关注美国情况，特朗普给全球金融市场带来很大不确定性。2016 年 11 月获选之后，因为宣称要推出减税、扩大基建等利好的经济政策，市场普遍认为美国通胀会走高，美国经济会提升。所以，基于对美元资产的追求，以美元指数、美国长期国债、美股为代表的美元资产都实现了大幅度的提升。但真正执政之后，推出的政策都没有得到很好地贯彻，而且政策也存在内在冲突。2017 年以来，特朗普交易行情逐渐退潮，美元指数从最高点 102 左右跌到现在的 92 左右，跌了差不多 10%，包括美国十年期国债收益率从最高点的 2.6%左右降到 2.2%左右。2017 年美联储加了两次息，按道理收益率应该提高，但是却不升反降，这与市场预测出现了背离，主要原因在于政策没有如期推出，大家预计今后几年美国经济增速要下降，另外美联储也调降了通胀预期，这一系列举措使市场对于特朗普交易行情产生怀疑，导致美国汇率和国债收益率都呈现下调趋势。

再看一下英国脱欧的影响，2016 年 6 月英国脱欧之后，当天英镑巨跌超过 10%，但是我们也要看到，其实英国实体经济发展非常好，在脱欧之前，全球发达经济体经济复苏领头羊是英美两国，当时英国央行正在考虑加息，突然的英国脱欧事件使这个势头逆转。脱欧之后，随着金融市场逐渐消化脱欧的影响，英国经济再次呈现强劲、坚韧的特性，自 2017 年以来，英国经济步步走高，逐步恢复，这带动英镑从过去急剧的深跌当中恢复。2017 年上半年增幅将近 10%，这是英国的情况。

同样脱欧对欧洲经济的影响也逐渐弱化，欧元区经济表现相当强劲。受益欧元区采取的量化宽松政策，压低了欧元汇率，带动欧元区的消费和出口。最近英国已经连续 17 个季度实现了经济正增长，难能可贵的是，除了整体经济增速呈现回升，从内部结构来看，欧洲五国包括葡萄牙、西班牙、意大利等在内，这些过去表现不好的国家，经济增速在第二季度也实现了正增长。所以，整个经济基本面的好转也提振了欧元表现，2017 年欧元是外汇市场上表现最好的货币，目前来看，升幅已经将近 14%，如果 2017 年年初大家购买了欧元，可能会获得不少收益。

下面再看日本经济。与欧元区经济表现类似，过去是英美带动发达经济体增长，现在经济增长动能逐渐转移到日本和欧元区，2017 年日本经济复苏比较好，日本已经连续六个季度实现经济正增长。过去日本经济增长波动比较大，因为日本虽然采取了量化质化宽松货币政策，但货币政策效果有限。所以在过去一段时间没有提振日本经济，呈现波动、上下起伏的态势。但是自最近一年半以来，已经实现了连续六个季度的正增长，这是金融危机以来少有的局面，这提振了日元，2017 年日元升幅将近 5%，最近可能有所回调。但与欧元区不一样，我们对日本经济能否持续稳定增长抱怀疑态度，主要原因：一方面，日本的人口老龄化比较严重，现在 65 岁以上老年人口在总人口中占比超过 25%，导致劳动效率比较低，劳动参与率也较低，而且在就业人口中，很多是老年人，临时性的工作岗位较多，经济一旦不好，很可能失业率就上去了。另一方面，由于老龄化比较严重，所以日本的福利开支包括医疗保障体系的开支非常大，所以日本政府负债率非常高，占 GDP 比重早已经超过 250%。所以，这也限制了日本政府货币政策和积极的财政政策空间，所以我们对日本经济能否持续下去持怀疑态度。

下面继续看人民币汇率走势。如果把视野放短，只看 2017 年走势，可以把人民币汇率看作一场战役，2017 年人民币汇率是一场跌宕起伏的多空博弈之战。我把它分为四个阶段。2017 年年初至 1 月 18 日，是战役的试探阶段，在这个阶段，人民币升值 1.8%。年初由于换汇额度刚放开，大家对 2017 年经济走势还不是很乐观，当时的贬值预期非常浓厚。但是，央行采取了一招强力手段，这一招也是过去在亚洲金融危机期间经常采用的，在 2016 年年初，以及 2017 年 5 月也都用过，就是在离岸市场用利率调汇率的手段，通过抽紧离岸市场的人民币流动性，年初把人民币隔夜拆借利率大幅抬高到 60%以上，一下就把香港市场做空势力的成本抬高，不需要延续很长时间，只需要几天就可以把做空势力打败。效果上看也非常好，年初短短几天之后，离岸汇率率先企稳，带动了在岸汇率实现稳定。

第二个阶段，海外做空势力做空人民币的心思不死，双方再次进入焦灼状态，从1月20日至5月24日，属于汇率多空博弈阶段，人民币汇率当时实现了区间波动，从6.92~6.86，波动幅度是很低的。

第三阶段的时间节点，大家可以关注一下，5月25日是第三阶段起点，5月24日发生了一件事，穆迪唱空中国经济，调降中国主权信用评级。最近标普也把中国主权评级调低，虽然我不是阴谋论者，但我认为阴谋还是存在于我们周边，尤其是在金融市场上。在每一个时点上，境外唱空中国经济，做空人民币的声音都是比较响的。上半年中国经济表现很好，为什么突然调降中国信用评级，大家都非常疑惑。如果我们仔细看一下香港市场的外汇市场头寸的话，可以很清楚地看到，到6月，2017年年初做的半年期远期要交割了，当时在香港市场积累了大量的人民币做空头寸，穆迪配合做空势力对中国经济降级之后，央行再次采取抽紧离岸市场人民币流动性的举措，把香港人民币隔夜拆借利率提高到20%以上，再次挫败了空头。至此之后，人民币进入一波升值阶段，之前是相对缓慢上升，8月中下旬至9月8日，实现了人民币中间价11连升，第三阶段人民币大幅升值6%左右。这个幅度非常大，2005年汇改之后连续十年升值，升值最高的一年也就是6%左右，2017年升值幅度一度超过7%，这个幅度，不管横向比，纵向比都是非常高的。在这种情况下，央行也发现，如果人民币汇率继续升值，对出口贸易伤害非常大。8月出口贸易以及贸易顺差数据同比增幅较7月回落。基于此考虑，央行不想汇率过快升值，所以在9月8日，取消了两个外汇管制措施，一个是对之前远期购汇征收的20%风险准备金，另一个是对离岸市场CNH的境内存放征收的存款准备金。之前这些举措的推出，一方面是为了提高远期购汇成本，另一方面是为了控制离岸市场流动性，实现稳定离岸市场汇率的目的。而在此时刻，在人民币汇率升幅比较大，升值风险急剧上升的态势下，央行局部调整了外汇风险管理措施，同时利用5月下旬推出的逆周期调控因子，调降中间价。所以，自9月12日以来，中间价出现了波动，叠加最近的美联储缩表预期，整个人民币汇率开始呈现双向波动。双向波动的潜台词就是要向下调整，会小幅贬值。

随着人民币汇率好转，中国经济企稳回升，中国跨境资本流动也跟随好转。2016 年之前的几个季度，如果用非储备性质的金融账户来代表我国资本流动情况，可以看到都是外流的，这也跟实体经济走势相关，实体经济下降，资本出现外流。但 2017 年上半年实现了净流入 150 亿美元。如果进一步分结构来看，咱们国家的资本外流与其他国家有一点不同，主要表现在其他投资项下的外流里。其他投资包括存款、贷款、贸易信贷等细分项。存款和贷款的外流说明什么？说明境外非居民在境内的存款，或者是对境内的贷款都在减少，这是从非居民的角度来讲。从居民的角度来看，也就是从中国居民的角度来讲，国内居民也倾向把自己的存款向外转移，增加对境外贷款。所以，我国的资本外流，其中一个很大的驱动因素，是由于境内居民资产向外转移造成的，这可能是与其他国家一个很大的不同。其他国家，在经济危机中，主要是由于境外投资者对该国经济不看好，导致 FDI 和热钱外流。而我国很大一部分，是由于境内居民对我国经济不看好，没有信心，而导致境内资产向外转移，这是我国跟其他国家非常不一样的地方，这需要我们坚定对中国经济的信心，打消境内居民资本外流的动机。

这里可以简单看一看结售汇率，贬值周期以来，售汇率基本高于结汇率，居民从银行购买外汇倾向超过向银行结汇的意愿。从 2015 年开始，企业由强制结售汇改为意愿结售汇，改变了以后，在人民币贬值周期下，企业就不倾向结汇，而倾向于购汇，增持美元资产对企业是有利的。但是 7 月二者逐渐收窄，到了 8 月人民币汇率大幅度抬升，使整个结售汇率实现了根本性的逆转，8 月结汇率已经超过售汇率，体现市场信心的变化。如果从 8 月数据来看，8 月 FDI 资本金流入量同比增长了 30%以上，外企结汇量也增加了 20%以上。所以，资本流入的变化，还有企业结汇的变化，改善了外汇市场供求，改善了汇率走势。

8 月还有一个非常有意思的现象，就是人民币实现了净流入。刚才讲跨境资本流出，没有区分币种，国际收支平衡表没有区分币种，但是银行涉外收付款数据统计了币种情况。银行涉外收付款约占国际收支平衡表 60%以上，基本上统计了境内居民通过银行对外发生的支付行为，能够反映境内居民和市场主体的涉外资本流动情况。整个 2016 年，资本是外流的，如果从细分币种来看，全都是以人民币形式外流的，也就是说，人民币成为了热钱，而外汇是净流入的。过去我们对外汇严防死守，实际上外汇没有流出，主要是以人民币形式出去的。这背后的原因是什么呢？其中一点是国内对外汇的监管在趋严，转而以人民币替代外汇外流。最近几年，由于资本账户开放加快，人民币国际化步伐加快，央行和外管局推出了一些人民币跨境流出的渠道包括跨境人民币结算，这是经常项下的，直接投资项下的人民币结算包括给企业，尤其是一些大型企业的人民币跨境双向资金池等。这些口子其实都是鼓励人民币的跨境流动，在人民币贬值的背景下，既然居民在境内不能换汇汇出到境外，增配美元资产。那怎么办呢？因为人民币好流出，企业就以人民币的形式，将资金转到香港市场，在香港市场再将人民币换成美元，再增配美元资产，这就导致了为什么在贬值周期下，总是离岸市场的人民币先较境内市场的人民币先贬值，因为都是人民币的流出，到了香港市场，再换成美元导致的。

但是在8月，情况发生了变化，8月人民币实现了净流入。也就是说，在涉外收入中的人民币大于涉外支出的人民币，在出口贸易中，企业更倾向用人民币来结算。为什么呢？很简单，如果我是企业，出口获得了1亿美元的收入，如果进口商给我美元的话，我拿到美元到境内换成人民币，是有账面损失的，不如直接让他支付我人民币，就对冲了汇率波动风险。在8月，如果看进出口数据和涉外收付款项下的币种数据，会发现在出口贸易中人民币结算比重大幅增加，而进口贸易中人民币结算比重下降。

这里列举了“811”汇改以来主要的资本管制措施，结合刚才谈的观点，梳理外汇管制措施的变化思路。主要有四点，简单说一下，一是过去央行主要管外汇，但是发现2016年整个资本流动都以人民币出去的，现在是人民币、外汇一起管。二是过去主要管资本账户，现在不仅管资本账户，连直接投资、经常项下都一起管。三是过去主要是通过直接入市干预的手段调节汇率，也就是通过外汇储备干预，但发现效果非常不好，所以现在采用市场化的手段，加上资本管制措施。市场化的手段，主要是刚才讲的在离岸市场上用利率调汇率的手段。其实不止是在离岸市场上做，也要在在岸市场上做，因为在离岸市场上做，副作用很大，会把离岸市场人民币融资成本抬高，在香港市场推人民币国际化就推不下去，香港市场人民币融资困难，香港市场点心债发债也很困难，这就是为什么企业2016年点心债发债数量急剧下滑的原因。所以我们建议，央行在境内也要用利率调汇率，跟随美联储加息的步伐，也是为了配合国内金融去杠杆、去产能的要求。内外部平衡的交汇点，只需要把市场利率调高就可以实现。我在2016年写的文章里面，就提出来要采取这种手段，为了刺激经济降低企业融资成本，政策利率不能变，为了稳住汇率，实现金融去杠杆的目标，就应该把市场利率提高。如果大家看一下隔夜拆借利率可以看到自5月25日以来，整个市场利率大幅走高，很好地实现了稳定汇率的效果。

展望下半年和2018年全球经济金融走势，个人认为，最大的“黑天鹅”事件就是全球货币政策转向的风险。

最先启动的是美联储，从2014年开始逐步退出量化宽松举措，到2015年12月首次加息，再到9月20日宣称下个月正式启动缩表，对全球金融市场和全球流动性都带来了很大冲击。美联储大规模扩张资产负债表，是为了使美国经济走出金融危机泥潭，共采取了三轮量化宽松和一轮扭曲操作，也就是卖短债买长债，压低长端利率，操作后使美联储资产负债表从之前的不足1万亿美元变成了现在的超过4.5万亿美元。随着美国经济复苏，再保持这么大规模的资产负债表，对经济伤害很大，美国三大股指已经超过金融危机之前走势，积累了很大金融风险。而且，这种大规模资产负债表也限制了美联储今后应对经济衰退的空间，所以美联储希望降低资产负债表，给未来货币政策提供一定空间。

进一步看美联储货币政策对全球金融市场的冲击。在美联储宣布缩表当天包括美国国债收益率出现急剧跳升，美元指数大幅度走高，黄金价格、大宗商品价格下跌，标普500指数出现V型走势。结合过去美联储紧缩货币政策的历史，判断缩表和今后逐渐加息的步伐，将对美国国债、市场融资成本和美元指数带来支撑，但是，对美股会有一些负面的影响。

从对人民币汇率的影响来看，刚才也讲了，因为央行之前已经做出了一些放松管制的调整，再叠加美联储缩表预期，会使人民币汇率走势发生调整，由2017年上半年的升值预期重新进入双向波动阶段。刚才也提示过，双向波动一般指的是小幅的调整。但是，预计长期对人民币汇率的影响是有限的，因为刚才前面也说了，基本上经济好汇率就好，当前我国经济增速超预期增长，外汇储备也是连续7个月增加，对汇率提供了支撑。

此外，日本央行也有退出量化宽松举措的预期。如果把货币政策正常化分为三步，先是退出资产购买，再是加息，最后是缩表。美联储现在走到第三步，但是日本现在第一步还没开始，所以未来节奏的变化和走势的差异也会影响全球外汇市场。除此之外，英国央行近期也宣布要考虑加息，加拿大央行年内两次加息包括咱们境内的市场利率，也大幅走高，企业融资成本较年初提高了 1 个百分点左右，2018 年还有可能跟随美联储上调政策利率。以上这些变化，其实都反映了全球货币政策存在转向的势头。转向节奏的变化，谁先谁后，缩表规模多少，都会影响未来全球外汇市场。

这里我们简单地预测一下，首先看欧元，欧元区经济复苏情况比较好，2018 年可能会退出量化宽松政策，欧元预计还会保持较好的走势。其次看日元，存在一定的不确定性，可能会实现宽幅波动。最后是英镑，预计也会继续上涨，可能回到脱欧之前的水平。其他大宗商品货币，加元、澳元，由于大宗商品价格企稳回升，会支撑汇率继续上行。美元指数，年内调整基本到位，考虑 10 月正式缩表，12 月会大概率加息，2018 年还要加息三次，特朗普即将推出税改细则，一旦推出，对美国经济和美元指数都是很好的刺激，所以预计年内美元会呈现回升的势头。

以上是我对整个国际金融形势和 2018 年全球货币政策走势的基本判断，谢谢大家！

（资料来源：本文是作者在 9 月 24 日“东方红·宏观经济与金融市场沙龙”发言的整理稿，已经作者审定。）

三、人民币汇率的背后：传统货币危机理论的“滑铁卢”与美元的“敦刻尔克”

赵 建
（山东省普惠金融研究院）

内容提要：9月24日在北京大学经济研究所、东方证券资产管理有限公司主办的“东方红·宏观经济与金融市场沙龙”上，青岛银行首席经济学家、山东省普惠金融研究院副院长赵健对当前汇率形式提出了以下几点：其一，货币建模方面，可以从大国货币关系的角度思考改进；其二，当前国际货币走势受德国经济复苏的影响较大，难民涌入负面影响消化后开始产生正面效应带动德国经济上涨；其三，美元与欧元的关系实际上就是金融货币与工业货币的对峙；其四，本轮外储上升更多的是估值效应，人民币升值背后隐忧重重。

赵建：非常高兴收到苏教授的邀请，来这里报告一下我最近的一些思考。刚才两位老师基本上把汇率全部从基本面到交易面都说得比较全了，我从个人经验这一块儿补充一些还不算成熟的看法。

一是波澜壮阔的金融时代时。

我从学校到银行从业七八年了，感觉这个时代没有辜负我们这一代金融从业者。中国金融市场波澜壮阔，从2013年的钱荒，中国最长的债牛，到2015年股牛5000点不是梦，最后到一切想都来不及的幻灭，股灾、汇灾、熔断，以及资产荒和负债荒轮番上演。最近商业银行尤其是中小银行，切切实实地感受到了痛感。金融去杠杆，实际上就是去产能。过去几年，银行的同业部是盈利的明星，现在去同业部看看，原来的明星们基本上都没什么活干了，就好像钢铁去产能，高炉关了，工人没活干。

这个波澜壮阔的金融时代，对从业者来说难免充满焦虑。而对我们研究者来说，则是让人兴奋和激动的，因为研究者就喜欢遇到未知。如果一切都如预期，那么也就没有研究价值了。2017年我们遇到了从来没有想过的人民币升值，回到半年多以前，谈人民币大升值，就像钱钟书说过的一句话，白天谈论鬼魂，根本是想不到的。我昨天刚给山大上了一下午课，有一些是关于资产定价的，一系列的数学模型。后来有一个学生提问，2016 年我看那么多经济学家预测，人民币要贬到 7.3、7.5，2017 年怎么一下到 6.5 了，这些用我们的数学模型解释不了啊。我作为老师感觉到很不好意思，的确经济学理论太滞后了。或者也可以说，现实太精彩太复杂变化太快了。

刚才两位老师都讲了很多，我就不再重复了，只是想分享几个故事：一个故事是 2017 年 1 月的亚布力论坛，我很幸运地参加了，老板们请来了中国最好的经济学家。对汇率，所有的经济学家都认为 2017 年要贬到 7.3。下面的企业家都害怕得要命。只有一个经济学家，曹远征，他说不会破 7。当时一帮学者围攻他。回过头来一看，曹远征团队包括苏剑教授，对汇率的判断是比较靠谱的。那么到底出了什么样的问题呢?

另一个故事是汇灾的时候，人民币汇率天天跌。学者们很焦虑，但是银行的交易员却很得意地跟我交流，说采用的反向套利组合赚了多少钱。财富管理的客户经理也发我一个传单，专门是卖美元理财的。这个美元理财分析得还好，人民币汇率走势画得非常清晰，就是人们觉得人民币要大贬，赶紧买美元理财。老百姓一看确实害怕，这整个是做空人民币的“传单”。大妈都开始抢购美元的时候，人民币很危险了，相当于全民做空人民币。整个市场确实是波澜壮阔，人民币汇率很危险，但是金融机构是利润导向的，他们不管这个。从这个意义上来说，外汇管制也是有一定道理的。

曾经熔断之后，有几个经济学家都认为是要发生经济危机了。但现在危机不仅没发生，经济还快速回暖，至少风和日丽了一年多。我今天觉得在这个讲台上想跟大家分享一些迷思，我们到底出了什么样的问题，怎样从另一个角度看人民币汇率。

二是传统货币危机理论解释不了大国情形。

今天其实就讲三个内容：第一，还是需要讲讲理论，关于货币模型的。回到一开始的问题，为什么我们预测汇率依靠的那些理论模型都错得这么离谱呢？第二，人民币其实没有定价权，我们在讨论人民币汇率，背后是欧元和美元在哪儿博弈。我曾经写了一篇文章，人民币是货币大国，汇率小国。实际上我们的贸易结算量在世界上是3%左右，在金融市场的话语权是没有的。第三，关于欧洲经济尤其是德国经济的复苏问题，这是理解当前汇率大变局最核心的部分。第四，人民币升值背后的隐忧。

刚才我说的，放在半年以前，基本上所有的经济学家都预测人民币要贬值，好像这是一个公共知识，大家谁都知道。但是他们用的是什么理论呢？你会发现，他用的都是传统的货币危机理论，逻辑很简单，就是加息造成了资本外流加汇率贬值。他们的经验就是来自几次危机，一个是拉美危机，20 世纪 90 年代末的亚洲金融危机，还有 90 年代末期的墨西哥危机。再加上这几年确实新兴国家已经发生货币危机。2014 年，美元说要停止 QE，新兴国家发生了货币危机，整个新兴国家的货币是拦腰斩，卢布、里拉尔、比索等。大家都很恐慌，因为用传统的货币危机模型完全是符合的。我们知道货币危机理论经历了三代：第一代是基于购买力平价和利率平价，是宏观面上的货币危机理论。第二代重点考虑交易盘。因为学者发现实际上汇率不应该由基本面来决定，大量的汇率是由金融市场来决定的，是交易盘和套利盘尤其是衍生品在决定汇率，不是经常账户而是交易员说了算。一天的交易量可能是整个一年外汇贸易的总量，所以这一代危机模型大家提出来一个汇兑心理说和投机说。

第三代货币危机模型，就回到了微观面。看这个企业结了很多的外债，外债一通缩导致的。就像新凯恩主义一样有了更多的微观基础在里面。但是你会发现这些模型有一个大问题，什么大问题呢？那就是所有的模型都是小国模型，所有的经验都是基于小国经验。小国意味着什么呢？意味着你是被动接受定价的。我们教科书上的开放经济模型包括几个汇率的假设，完全是一个小国模型。另外在实际经验上，无论是拉美、东南亚，还是墨西哥，其实都是小国经济，从来没有一个货币危机理论来研究大国，大国的货币危机有没有经验呢？我觉得有一个那就是日本。但是你看日本发生危机的时候，日元是升值的。那时候日本也是第二大经济体，他的外储也很多。对比这个你会发现，没有一个理论来解释大国汇率模型的定价。假设你按照小国模型来预测人民币汇率的话，假设中国经济外汇储备、美元都抛了，美债都抛了，美国肯定也会陷入危机。有没有从理论上去解释这些呢？我觉得经济学家还有很多工作去做，我们需要从大国货币关系的视角去思考。

三是出其不意的复苏：欧元的“镰刀切割”。

美元2017年的走势，有他自己的原因，但更多的是欧元突然之间的风险出清和复苏回暖。就像二战初期，没有人相信能有大部队能够穿越阿登高原，那个地方防线都没有。对人民币对美元汇率，用三角套利模型来推算一下，会发现剔除掉欧元的影响，人民币汇率是贬值的。我们到7月的计算，人民币兑美元到7月升值了3.8%，但是对欧元贬值了8.2%，从这儿来看，人民币的定价，除了刚才老师说的那些，我们也需要关注第一、第二两个大国货币的汇率。尤其是欧元，欧洲的复苏把美元打下来，整个美元处于弱势，如果人民币要盯着“一揽子”的话，必须要对美元升值。

再看人民币有效汇率指数，实际上到8月之前还是跌的，只是8月最近才开始上升，上升以后也没有回到2月。所以你说人民币升值，是对美元的升值，对“一揽子”货币实际上没有升多少。为什么欧元出现这种情况，我们要细思，要把所有的问题都剔除掉以后，一个核心的地方就是2017年“黑天鹅”事件——全球出其不意的复苏。尤其是欧元区的复苏是出其不意的，像二战的“镰刀切割”一样，一下子攻上去了。过去几年，大家都知道美国经济恢复得很好，失业率下行，所有的东西都在回暖，但是谁也没想到欧元区会复苏得这么好。说到欧元区，一直是德国独当一面。德国经济是五年来最大的增幅，达到六年来最好的水平，企业景气指数也是历史最好水平。看他拉动GDP最主要的力量是什么呢？主要是房地产和出口。问题又来了，为什么德国突然间复苏了，而且现在别的国家，欧洲五国也开始慢慢有了很好的表现。为什么德国的房地产经济开始复苏了呢？我觉得难民涌入在消化了负面影响后开始产生正面效应，环球网有个新闻“难民涌入让德国房价大涨，政府头疼不已”。还有个现象值得注意，去年还在骂默克尔是历史的罪人，欧洲的罪人，2017年突然间没人骂默克尔，默克尔100%连任了。大家难道没思考背后的原因吗？

当然了，美元也有自己的问题，他是自己“后院着火”，就像二战初期，德国开始“镰刀切割”的时候，法国那时候还内讧。特朗普的支持率现在骤降。

四是美元 VS 欧元：金融货币与工业货币的对峙。

我们需要思考整个货币的格局，站在全球的角度来讲，我们用货币理论第三代危机模型，每个货币背后的支撑力量是什么？可以分为四个层面：第一个是核心层，我们知道美元是当仁不让的老大，它掌握全球的定价权。第二个是欧洲美元，就是美元在外面的那一块儿。第三个是工业货币，老牌工业国家，欧洲、日本、英国，尤其是德国和日本，是一个高端制造业和工业货币，中国和印度代表了产能货币，是中间工业品，低端产业链那一块儿。第四个剩下一些新兴国家，俄罗斯、拉美这些，实际上代表资源货币。你会发现，当美元要紧缩，要发生一次冲击波的时候，先受伤的是外围的资源货币，由外到内去冲击。实际上里面的这些美元，无论是国内的美元还是欧洲的美元，汇率变化对他没有多大的冲击。美元对欧元已经跌了百分之十几了，美元指数已经跌了多少了，美国的金融市场依然波澜不惊，因为他已经实现了软着陆和均衡，但是人民币作为产能货币还存在很大的问题。

这样，如果美元背后代表的是服务业，欧元和人民币形成一个货币联盟，代表的是制造业。因此当制造业相对服务业强劲复苏的时候，你会发现在货币层面就是美元跌欧元和人民币涨。从数据来看，自 2017 年以来，全球服务业的 PMI 实际上是下降的，制造业的 PMI 则是快速上升的。这恰好验证了我们的假说。

另外对美元来说，还存在两个收敛：一是经济增长速度的收敛，就是美国的增长率和全球的增长率开始趋同；二是全球货币政策风向的收敛，各国央行都已经开始或者准备退出宽松甚至缩表。这样，美国在经济状况和货币政策的优势就开始缩小。

五是人民币升值背后的隐忧。

人民币升值背后有几个隐忧我们要看到。过去 6.9 ~ 6.5，2009 年至 2010 年，我们走了一两年才升到这儿，而且积累了 7000 多亿美元的外储。但是这一次我们外储的上升更多的是估值效应，因为我们很多非美元储备是升值的，欧元资产和英镑资产是升值的，剔除估值效应后基本上没有很大的变化。

另外，我们也看到，外储和外占产生了严重的背离，这说明央行没有过多地干预，而是让市场自己决定。同时我们还要注意一点，按照原来的逻辑，这次升值为我们储备足够的子弹，再贬下来的话我们没有充足的外汇储备作为干预的手段。过去我们 6.9~6.5 是 7000 亿美元的子弹，现在基本上没储备子弹。这也意味着央行可能认为，当前我们的制度已经建立起来了，他可能不太担心有太多的做空人民币的筹码了。

同时我们也看到，人民币贬值的预期仍然还是那么强劲，未来 12 个月和两年的 NDF，仍然是 7.2%、7.3%。所以，基本可以认为，人民币升值将要告一段落，但是也不会出现大贬。2017 年恐怕难以突破过去贬值的低点。

最后，回到开始我所谈的，当前的金融市场为什么这么波澜壮阔呢？因为中国处于金融资产价格闯关的时代。我们知道 80 年代，我们的商品市场闯关闯了一把，出了很多问题，但是最后闯关成功了。这一次，尤其是从十八大以后，我们进行了一次强制性的金融资产价格的闯关，放利率闯关，汇率闯关，股价注册制闯关，闯了这么多年，造成很大的波动，现在往回收缩，基本上闯关没有完全成功。但是我们积累了很多经验，我相信中国金融资产的闯关，最终也会完成，各类资产价格也会实现软着陆，人民币均衡汇率也会抵达。我们对这些是充满信心的，谢谢大家！

（资料来源：本文是作者在 9 月 24 日“东方红·宏观经济与金融市场沙龙”发言的整理稿，已经作者审定。）

四、人民币汇率稳定将成为常态

邹士年
（国家信息中心）

内容提要：9月24日在北京大学经济研究所、东方证券资产管理有限公司主办的“东方红·宏观经济与金融市场沙龙”上，国家信息中心经济预测部经济学博士邹士年认为人民币汇率稳定将成为常态。全文分为四个部分，分别为人民币汇率的形成机制；影响人民币汇率的因素分析；促进人民币汇率稳定的因素分析；人民币汇率走势判断及政策建议。

邹士年：各位专家，各位同学下午好！我主要从汇率的影响因素来分析，我觉得人民币汇率稳定在中短期应该成为一种常态。

主要从四个部分展开：第一部分是人民币汇率的形成机制；第二部分是影响人民币汇率的因素分析；第三部分是促进人民币汇率稳定的因素分析；第四部分是人民币汇率走势判断及政策建议。

第一部分，汇率的形成机制，实际上就是我们所讲的一个国家外汇的选择问题，究竟我们采用什么样的方法，必须要根据自己的国情。从短期来看，一个是要适应贸易和金融市场的需要，还要保护本国的货币少受冲击。从长期来看，我们所讲的随着金融环境的变化，以及国内经济环境的变化要做适当的调整。

中国人民币汇率制度的演变，从目前来看可以分为七个阶段，2005年之前的六个阶段中最有意义的就是1994年，改变了原来外汇固定的方式，以市场供求为基础的单一的，有管理的幅度汇率制度。因此，1994年可以看成是中国的外汇制度向市场化变革的重要的转折点。在这之后，都是不断地越来越向市场化程度更高的方向迈进。

第七阶段就是最近的一次，2015年8月11日的汇改，这一次汇改的主要内容：一是参考收盘价决定第二天的中间价，二是日浮动区间加减2%的机制。但是汇改推出后，对市场造成的冲击较大，对外汇储备造成的损失大家可能也都知道，所以 2015 年 12 月，央行又推出了“收盘价+篮子货币”新的中间价定价机制。目前，我们汇率改革的大方向是奔向更加开放的市场化，但是开放时点的选择，以及开放程度的大小确实还是在不断地摸索。2017 年 5 月，人民币汇率又加上了逆周期因子，这后面我们也重点跟大家讲。这一次汇改虽然出现一些问题，但还是取得了一些成就，改变了原来人民币单边升值的状态，现在变得能贬能升，实现了双向波动，弹性强了。再就是我们所讲的，人民币汇率的形成机制变得完善一些。三是人民币资本项目可兑换进程在继续推进。四是人民币中间形成的一些规则性，透明度，市场化水平比原来有所提高。

但是，这个改革显然还没有完成，尤其是人民币外汇市场难以出清的问题仍然存在，人民币汇率的市场化改革道路仍然是任重道远。

今天我要讲的第二部分内容，人民币汇率的影响因素。前面两位老师也提过，我再跟大家分分类。

一是内部的因素。第一是国内的经济运行状况，像我们所讲的经济增长，这是支持人民币汇率走势最为根本的因素。还有包括通胀水平、国际收支状况和外汇储备。第二是国内的货币政策，尤其是利率的政策。第三是国内的外汇政策包括像“一揽子”货币的定价机制，加入逆周期因子等都属于外汇政策方面的内容。

二是外部因素。中国目前还是盯住“一揽子”货币，尤其关注的是美国，美国的经济增长，以及美国的失业率，还有像美元的指数，这对中国的人民币汇率走势，尤其是这一轮，人民币的升值，其实我想最主要的原因，还是跟美元指数持续走低有关。再就是美国的货币政策包括他现在所讲的，我们所讲的三次加息，还有就是我们所讲的缩表，对我们的外汇走势，汇率的走势有很大的影响。

三是心理因素。这个主要是市场上存在羊群效应，往往会放大市场走势预期，这就是为什么“811”汇改的时候出现超调，在一定程度上也有心理的因素。与此对应的就是汇率的预期管理。

今天我要讲的第三部分内容是促进人民币汇率稳定的因素，主要是这轮人民币持续升值稳定了下跌的预期。这里讲的稳定并不是某一个时点上固定的，我们所讲的肯定是在比较相对窄的区间内的波动。这一次我们所讲的人民币虽然升值这么长时间，但是要从长一点的时点来看，可能我们所讲的人民币的波动区间正在形成政府的心理区间包括外汇储备三万亿美元的心理关口一样的，我们可能现在正在形成这样一个波动的区间，这个波动的区间刚才苏老师认为最多到6.3%，我可能看6.5%~7%这样的位置，7%也是非常重要的关口。

第一从内因来看，这一轮人民币升值最大的内因显然就是国内的经济增长高于预期，经济增速连续八个季度保持中高速的区间，实际上对人民币走强有一个最主要的支撑。再就是经济结构的优化，这几天非常火的一篇文章，估计大家都看了，就是《两个6.9%大不同，2017年上半年更具有含金量》。经济增速快还需要经济结构的优化，这样才能保证经济增长的可持续性。

从货币及通胀因素来看，到8月中国M2的增速是8.9%，自成为1986年以来统计以来最低的，不存在货币推动的涨价的压力。CPI8月同比上涨了1.8%，当前大多数的消费品供给比较充足，所以通胀这个因素在目前来讲，没有太多的担忧。货币政策方面，我们稳健中性，尤其是在去杠杆的政策主导下，货币利率难以下行。这就是我们所讲的M2的增速，我们可以看得出，从货币这一块儿来讲对汇率是很好的支撑。

从外汇来看，2017年1月跌破3万亿美元以后，2月开始止跌回升，我们一直认为3万亿美元这个心理关口还是非常重要的。到了8月末的时候，中国外汇储备连续七个月增长，并创三年来最长的上升周期，国际收支重回双顺差。

第二个是外部因素。我们认为美国的经济对人民币的汇率影响来讲，其实2017年表现比较中性。美国经济比较稳定，第一季度增速1.4%，第二季度加快为3%，失业率4.3%，就业的增长好于预期，但是工资的增长以及物价指数都在低位徘徊，这是中性的。但是最主要的对人民币升值形成支撑的还是美元指数出现持续的走弱，这主要是由于特朗普新政有很多难以自洽的矛盾，再就是“特朗普上涨”的行情过早地透支了美元上升的动力。再加上医保法案新政的失败，通俄门事件，以及加拿大突然的加息和英国的央行收紧货币政策的言论，都使美元指数雪上加霜，不断走低，这对人民币汇率的上升是非常重要的外部因素。我们可以看一下，如果把人民币升值的趋势图跟特朗普当选总统以来美元指数的走势对照一下，就很清楚。

第三个是政府预期管理。在人民币汇率没有完全市场化的情况，政府的预期管理对市场的稳定有很大的作用。只要在市场没有出清之前，人民币贬值的预期就没有完全扭转，所以我们仍然实行有管理的浮动，这种浮动包括政府采取的很多的措施控制资本的外流，最近，最主要的在人民币的汇率定价机制里面加上了逆周期的因子，还有就是加强民营企业对外投资的审批，这些措施在一定程度上阻止了羊群效应的蔓延。

这里面的逆周期因子，很能反映政府对我们所讲的汇率调控的意图。所以现在很多交易员早上第一件事，就是盯着汇率的报价，就可以看出来政府的意图。所以现在大家都觉得，政府好像调控得更严格了，与市场化的程度好像又有一些违背。这里面逆周期因子显然是一个过渡的政策包括逆周期因子的计算还不是很透明，究竟怎样算的，但是已经成为市场揣摩央行态度重要的指标。所以逆周期因子现在市场褒贬还是有很大的不同。

政府在管理汇率市场时做出一些相关决策的调整政策也是有他的需要，并随市场变化不断变动的。2017 年人民币升值以后，压力减轻，央行的直接干预也相对减少了，这里面有一个数据，8 月央行口径的外汇占款已经 22 个月下滑，说明央行数量上的措施用得更少了。另外一个工具就是外汇风险准备金，8 月 31 日的时候，收取 20%的外汇风险准备金，实际上是提高成本，而到现在，由于趋势变好了，所以我们在 2017 年 9 月 11 日取消外汇风险准备金了。

对可能造成人民币汇率短期波动较大的外汇改革在近期不大可能推出，这也是为什么我认为中短期人民币汇率比较稳定的一个最为重要的政策性因素。在“811”汇改两周年的时候，有一部分人认为现在应该是继续进一步推进汇改的好时机，主要包括金融 40 人论坛，尤其是余永定教授呼声较高，认为现在人民币处于比较稳定的时期，国内经济也是一个比较好的时期，觉得应该继续推进这样的改革，即使开始几天人民币可能会出现较快贬值，但是这一步迟早得走。但是，央行的参事盛松成在“2017 年的中国新加坡高层论坛”上表示，人民币长期升值的趋势没有改变，会有更好的改革汇率形成机制的时机，现在需要的是人民币汇率基本的稳定，这可以看作来自央行的声音，可见稳定是当前央行的主基调。

今天，我要讲的第四部分内容就是人民币汇率走势预期及政策建议。对下一步人民币汇率走势的判断，从中短期来讲，汇率将会在一定区间内波动，保持相对稳定的。这个区间我刚才也讲了，在6.5至7，不会出现上一次大家担忧的，能不能破7，甚至破8的担忧。当然，中长期，尤其是长期，我们都知道的这个贬值的市场预期，还是比较强。尤其是现在，我就觉得很奇怪的是什么呢？不学经济学的人，现在都普遍觉得人民币一定要贬值，所以大家都要把手上的钱要换成美元，所以我觉得这一点还是比较可怕的一件事情，那些根本不学经济学的人，都说要把人民币换成美元，那不就相当于挤兑嘛，所以我们要加强市场预期管理，因为人民币虽然有贬值的需要，但是市场盲目的羊群效应会造成超调。当然，稳定人民币汇率最重要的还是我们中国经济的基本面，要切实地得到改善，俗话说，打铁还需自身硬。尤其是我们所讲的，像两个6.9%大不同文章中指出的这些含金量提高，要具有可持续性，当我们对中国的经济有足够信心的时候，我们对人民币贬值预期就会降低。当然，还有一个重要观念就是人民币不是贬值就不好，我们需要注意的是贬值带来的恐慌性心理，加剧资本外流。当然我们资本的外流，可能不仅仅是经济方面的，估计还与包括我们所讲的各方面环境也有关系。

人民币汇率长期的走势，还要决定于中国的资产泡沫以及债务风险的消化，当然这里对房地产泡沫的破灭，我还是比较有一定信心的，我觉得刚刚也是金首席说的问题，中国的很多炒房子的人，反而并没有从银行贷多少款，大部分的贷款都是刚性需求，那么房子再怎么跌，很难不还贷款。所以我觉得泡沫可能主要是在企业这方面，而在按揭贷款这方面，估计跟美国还是有很大的不同。

再就是债务风险，目前看地方债务基本可控。货币往后看也是偏紧的，通胀的压力应该是不大的，基于我们当前防风险，去杠杆，抑泡沫，和金融服务实体经济的政策总基调，所以我们觉得M2低速的增长将成为一种常态。

对外部的因素，这个就难以确定一些，因为我们所讲的外部因素主要还是看美国，目前美国的减税政策，以及重返制造业战略，还有基建规模的扩大，对将来美元的走势，实际上是有一定支撑的。而美元指数最近已经下滑到一定程度，现在大家估计都预测有反弹的必要了。再就是货币政策方面，其实刚才王老师也讲过了，我对缩表以及加息的预期，未来的影响，我觉得没有那么大，他是一个渐进的过程，还有一个市场前期的消化，我觉得已经差不多了，所以没有必要过分担忧，但是，也应该做好相应的应对措施。其他方面，可能就是一些“黑天鹅和灰犀牛”事件，当然苏老师更形象地定义为“红犀牛”，这些事件的突然爆发也会对人民币汇率带来巨大影响。

今天我就讲到这儿，谢谢大家！

（资料来源：本文是作者在9月24日“东方红–宏观经济与金融市场沙龙”发言的整理稿，已经作者审定。）

2018 年资产配置展望

第六期：（2017.12.16）

本节对于 2018 年资产配置的展望，落脚点在“新常态、新机会”。第一篇文章在回顾、总结“十九大”前后中国模式的发展、创新的核心因素后，指出新时代中国的六大机遇：新生活、新科技、新商业、新金融、新城镇化、新全球化。第二篇文章则认为，改革、产业升级、消费升级是未来投资的机会所在。

一、新时代的新机会与新资产配置理论

金海年
（诺亚控股有限公司首席研究官、中国新供给经济学 50 人论坛成员）

内容提要：“十九大”标志中国模式的确立，2018 年以后的新时代将有新生活、新科技、新商业、新金融、新城镇化、新全球化六大趋势与机会，这些趋势和机会都是历史阶段性的，不是周期性的，不会重复的机会，资产配置也需要针对趋势阶段性的机会进行研究，而不是简单应用发达国家的周期理论。

（一）“十九大”是中国模式的总结与未来发展的理论创新

从经济角度看，“十九大”是中国改革开放从第一阶段向第二阶段迈进的总结与准备，证明了在现代人类社会发展中，除了欧美道路和走不下去的苏联道路，还有中国之路。人类社会的经济发展模式必须以文化为基础，未来的人类社会发展道路必将是多元化的包括欧美文明、中华文明在内的和而不同、交互发展。

制度对经济的运行和发展具有决定性的作用，既包括由社会、民族和国家共同供给的文化、道德、价值观、习俗等方面的软性制度，也包括基于软性制度和发展阶段形成的法律、政策等方面由国家政府部门供给的强制制度，还包括市场自发供给的符合软性制度和强制制度的市场契约制度，这三大方面的制度共同作用于经济运行的供给侧、需求侧，也互相作用影响，形成了经济发展的动态平衡体系。

中国改革开放进入到了新时代，重要的标志就是社会主要矛盾的变化，从改革开放初期的“人们日益增长的物质文化需要与落后的生产力之间的矛盾”演变成“人们对美好生活的需要与不平衡、不充分的发展之间的矛盾”。一方面，人们的需要已经不仅包括物质和文化方面，还包括对生态环境等方面的更加综合的需要，需要的质量、内涵和层次都有了本质的提升；另一方面，我们的生产力已不再落后，在高铁、互联网、移动支付等方面已经走到了世界的前列，不过在区域间、行业间仍然存在不平衡的矛盾，在许多方面也存在发展不充分的问题。因此未来的发展和改革都将主要针对结构性的问题，都将从供给侧入手。

从供给侧入手，就是要面向人们日益增长与提升的需求，不是限制需求，也不要刺激需求，而是发展供给侧的生产力，来满足需求；结构性改革，就是不能“一刀切”，而是根据需求结构来改进、优化、创新供给结构，提升供给质量、创新供给模式、提升供给范围。从供给一侧着手，往往是积极的、建设性的，如人们对商品和服务的质量提出了更高的要求，对种类范围有了更大的拓展，需要更大、更舒适的居住房屋，需要更加优化空气、水和土壤等方面的生态环境，需要更优质的教育、医疗、养老等方面的服务与保障体系，那么应该做的，肯定不是限制这些美好生活的追求，而是如何改进供给来满足，改进供给的过程，就是经济和社会发展的过程，就是社会主义建设的过程。

“十九大”对这样的过程，进行了具体的阶段性划分，一是十三五时期，全面建成小康；二是2020—2035年，建设社会主义现代化国家；三是到2050年，建成社会主义现代化强国。

（二）改革开放40年推动经济发展的核心因素

无论是已经经历的改革开放近40年的过程，还是未来到强国的30多年，建设的要点也就是经济发展的巨大机会，都是阶段性的，周期性因素暂时是次要的。总结改革开放至今的核心驱动因素，主要就是中央改革驱动、市场发挥人民的主观能动性、地方政府竞争发展和加入WTO参与全球化发挥资本与技术引进的红利这四大方面。

再看金融发展的历史，也是包括城镇化和融资体系发展的历史阶段性机遇，带来了投资与资产配置的主要机会，把握住房地产发展、基础设施建设、信托发展、资本市场建立发展、创业创新带来的风险投资机遇等阶段性机会，就是投资成功的大概率策略，就是金融支持实体经济发展的历史过程。经典的西方资产配置理论，以时钟理论为代表，往往存在两方面的缺陷：一是仅仅涵盖了成熟的股票市场、债券市场、外汇市场和大宗商品市场，没有考虑支持创业创新的风险投资市场、支持城镇化高速发展的房地产市场和支持中小企业多层次融资需求的另类投资领域；二是仅仅考虑发达国家的周期变化，没有考虑发展中国家改革与制度变迁、城镇化高速阶段和消费升级等非重复的阶段性因素，这些才是主要的投资机会。我们在此推出 NASA 理论（诺亚资产阶段性配置理论），帮助高净值人群和专业机构投资者抓住历史性机遇，实现资产的跨越式增长，分析资本推动实体经济进步的历史红利，把握人口结构演化、城镇化高速发展、产业升级与结构转型、经济制度与金融制度改革、全球化五大阶段性因素，进行大类资产配置，促进金融与实体的互动与平衡。同时，把握投资者资产回报需求的变化特点，重新就业、成家购房、抚养、赡养、健康与风险管理、改善居住、养老等不同人生阶段分析财富管理的需求变化，建立投资端和融资端的匹配矩阵，实现投资者风险适配的动态、科学管理。

（三）新时代中国经济未来的六大机遇

新时代，中国经济将涌现六大机遇：新生活、新科技、新商业、新金融、新城镇化和新全球化。

1. 新生活：一是新的消费升级，对商品和服务的质量要求得更高了，需要更多更新的商品和服务了，也需要从原来的食、衣、住、行提升到文化、旅游等更高层次的内容了；二是因为老龄化带来的老人与小孩的两极消费需要，既包括健康、医疗、养老、保险、传承、财富管理等老年人需求，也包括教育、玩具、儿童食品、儿童服装等未成年人需求；三是对生态环境的要求凸显，对动植物生态体系的保护意识增强了。文化影视娱乐旅游，都成为消费的新热点，汽车也走进普通家庭。根据我们的测算，无论是乐观估计还是保守估计，中国大约在 2030 年前后会跨越中低收入陷阱，成为高收入国家，消费模式和结构也会与发达国家更为相似。新消费对第三产业的需求会明显增加，因此未来的产业结构必然也是第三产业为主，第二产业比例减小，但质量提升，第一产业将进一步减少到 10%甚至更少。产业结构必然要服务于消费结构，真正的实体就是满足消费需求的行业，而不是看是否是制造有形的产品。

中国产业结构中可以分成三类：第一类是朝阳产业，新兴的产业；第二类是夕阳产业，会被替代掉的新兴产业；第三类是周期性的行业，像房地产。

2. 新科技：人们生活水平的提升根本来自于科技的进步。而金融就是推动科技进步的翅膀。我们会看到改善人类生存方式的科技，如医疗技术、基因技术、食品技术等，也会看到改善人们生活方式的科技，如互联网技术、物联网、车联网技术等，还有改变衣、食、住、行的各类科技。另外在这些终端商品与服务的后面，涉及生产的科技和能源的科技，尤其是包括核能、太阳能、风能和化石能源在内的能源革命包括能源存储技术、能源联网技术和能源传输技术的革命。手机、互联网、电脑、汽车、飞机、冰箱、航天等技术的革命，是推动人类社会进步和文明进步的根本力量，这些就是最大的投资机会和经济发展的机遇。

3. 新商业：科技发明将人们的想象变成了现实的需求，商业模式的创新将贵族的奢侈变成了普通百姓的普惠。互联网和电子商务、共享经济推动了科技在人们生活中的落地，普惠式、平台式、大数据、智能化的商业创新与应用，大大地拓展了市场，也催生了一个又一个大型的新企业和跨国、跨界企业，奠定了新经济的微观基础，产业分工、价值链分工，创造了新市场，也重塑了全球化的新模式。

4. 新金融：新科技和新商业，基础是新金融，只有风险投资资本、多层次的投融资体系，才能支持不同规模的企业从创新探索、快速成长到转型扩张、成熟壮大，不同发展阶段需要融资体系的创新，不仅需要成熟的信贷体系和债券市场、股票市场，也需要天使投资、创业投资、并购投资等风险投资，既需要面对不同规模企业的股权融资，也需要面对不同规模企业的债权融资，既需要财务投资者，也需要产业投资者，无论是中国还是全球市场，新金融随着新科技的发展必然迎来更大的创新。

5. 新城镇化：从发达国家的经验看，城镇化在30%~70%时是高速发展阶段。中国的城镇化刚刚经历了前半程，整体的高速发展，现在已经进入到高速发展的后半程，结构性分化的高速发展。我们大致相当于美国城镇化1930年的水平，我们的速度是美国的两倍，城镇化的高速发展还要10~15年的时间。现在的新就在分化的新特点，有六个方面的分化：一是业态分化，住宅、商业、办公、工业、物流和农业地产都在分化；二是区域分化，一、二线，三、四线城市在分化，城市内部不同城区在分化，城市带在形成；三是新旧分化，发达城市二手房交易已超过新房，存量房的运营和改造需求逐渐成为主流；四是市场供给与政府保障的分化，过去一段时间政府保障不足，保障体系尚未理顺；五是房地产商业模式分化，综合体、公寓、众创空间、养老社区等等新型商业模式在不断发展；六是融资方式在创新分化，REITS也在创新，开发端、运营端、服务端和需求端的融资需求都在发生新的变化，改善需求也需要新的融资服务。房地产还需要与户籍制度、教育资源配置、医疗、养老等各方面的公共服务资源配置配套供给，解决高速城镇化带来的结构性短缺问题。

6. 新全球化：改革开放初期的全球化，主要是引进外资，引进技术，用中国廉价的劳动力和廉价的资源来交换，同时贡献中国的市场。现在中国的资本充足了，技术提升了，我们也需要面向全球市场，新的全球化需要更加平衡的双向互动，需要发挥中国的人才优势和智力优势，需要更多的中国企业成为跨国企业，需要中国的跨国企业来整合全球的资源、全球的资本、全球的技术、全球的人才和全球的产业链，满足全球的市场需求。中国的贸易已经开放，资本项目也将进一步开放，人民币也将成为国际储备货币重要的一种。中国企业成为跨国企业必须要经历跨国并购的过程，资本市场化和人民币国际化是基础，必须要支撑中国企业跨国化的进程，也要支撑中国家庭资产全球化配置的进程，可以让中国的投资者分享全球经济进步的红利。

这六大机会是难得的历史机遇，不是周期性的，错过不会重来。但是也须注意风险，主要风险可能来自以下八个方面：改革不到位造成的生产力解放不充分、生产力发展不平衡、来自金融与实体不平衡、第二产业与实体不平衡、国际化改革内在需求与外部环境不平衡、经济发展与政治发展不平衡、社会发展与生态环境不平衡、国内发展与国际矛盾争端不平衡。我们的方法是，寻找市场规律趋势和政治制度导向的交集，不与市场作对，也不与政府作对，就是我们企业的发展方向，就是我们投资的策略方向。

（资料来源：本文是作者在12月16日“东方红·宏观经济与金融市场沙龙”发言的整理稿，已经作者审定。）

二、“新常态”“新龙头”

顾义河

（禾永投资管理（北京）有限公司董事长）

内容提要：当前经济的“新常态”是历史经济发展的一个轮回，所谓新常态就是经济增速从百分之十几降到目前的6%左右。股市是中国民营经济的晴雨表。经济特别好和经济一般时，可优先考虑购买国企股，而当经济非常差时，对民营企业依赖程度非常高时，则优先考虑购买民营企业股。对如何在中国投资，在地区上，优先投资珠三角、长三角、环渤海这三个沿海地区的优秀企业；在具体行业和股票选择上，则可根据改革主线、产业升级主线和消费升级主线这三条判断主线进行投资配置。

“新常态”只不过是历史以另一种方式在轮回。现在的经济形势相当于1997年、1998年的某个时点，最困难的时候还没有到来。

当经济非常差，国企无法拉动经济、解决就业时，政府主要鼓励民营企业，代表民企的股市就会表现好；当国企能够解决问题，民企没有太大作用时，代表国企的指数就会变得很好。

当经济特别好的时候，要去买跟经济紧密相关的国企股；当经济不是特别好，但国企还能撑得住的时候，要去买那些能为经济带来增长的国企股；当经济非常差，不得不依靠民营企业的时候，就要去买民营企业股。

（一）“新常态”还是“新轮回”

现在大家都在谈“新常态”。我的看法是，如果回顾一下最近20年的经济史，就能发现，所谓新常态其实一点都不新。

1989年至1991年，这三年的中国经济非常低迷，失业率高企。小平同志1992年的南巡讲话之后，经济迅速走出困境。此后，全国大干快上的热潮持续，到1993年、1994年演变成经济过热，甚至出现了恶性通货膨胀，还在海南制造了一个非常大的房地产泡沫。

为了应对过热，时任国务院副总理的朱镕基兼人民银行的行长，使出浑身解数，实现经济软着陆——把经济的增速从 18%左右降到了 7.8%。

三年着陆之后，就到了 1997 年换届。换届以后，几项可能影响我们 20 年的政策出台：第一，所有的信托公司破产（当时的信托公司实质上就是地方政府的融资平台）；第二，所有银行债转股；第三，大批国企破产，用现在的话说，就是那个时候的国有经济供给侧改革。

在 1999 年经济非常低迷的时候，国有企业甚至受鼓励炒股，于是股票市场出现了著名的“5 · 19 行情”。这个趋势一直延续到 2001 年中国加入世贸。

历史似曾相识。2008 年之后，中国经济开始新的轮回。受 2008 年的世界金融危机影响，中国经济急转直下，政府不得不推出“4 万亿”计划。在我看来，“4 万亿”的效果就相当于南巡，把经济拉出低迷。同样，经济迅速从恐慌变成过热，“4 万亿”引发了各种各样的加杠杆，房价暴涨……随后，经济增速下降，然后我们说要实现新常态。

新常态的说法刚出来的时候，很多人都不了解什么是新常态。现在大家明白，新常态就是经济增速从百分之十几降到目前的 6%左右。在“新常态”，我们看到经济的产能严重过剩。那么这一次跟上一次有什么不一样呢？

1998 年，我们去吉林市调研，发现吉林市的 53 万名职工里面有 14 万名下岗，吉化职工跪在政府门口。国有企业非常难。这一次怎么改呢？供给侧改革改的是民营企业，过剩产能关掉的绝大部分是民营企业。河北这么多年过剩的钢铁产业关不了，2017 年全关了，北京的天气特别好。问题在于，河北省关停了这么多的过剩产能，工人去哪儿了？竟然没有听到失业的问题，没有看到下岗的问题。

在 1998 年，为了让经济走出低迷，政府干了两件事：第一，首次把房地产列为国民经济支柱产业；第二，大力鼓励全民办互联网。我的理解是，房地产解决了中国农民工的就业，互联网则解决了中国大学生的就业，这是政府最担心的两个地方。

这一次，我们解决的还是这两个问题。各种各样的 PPP，本质上还是在解决农民工的就业，毕竟建筑工人是中国最有组织的一批工人。万众创新、大众创业解决的则是大学生的就业。所以，我们现在所谓的新时代，其实在历史上都出现过，只不过是另一种方式的轮回。我们现在的经济形势相当于1997年、1998年的某个时间点，经济最困难的时候还没有到来。

（二）股市是中国民营经济的晴雨表

回想一下，去年这个时候大家在琢磨什么事呢？当时资本市场上最担心的事情是人民币会不会崩溃。按照2016年年底的走势，人民币可能会大贬值；上年12月，绝大多数经济学家都不认为2017年人民币会涨。所以，2017年最大的超预期事件，就是人民币不但不贬了，反倒在涨。

展望明年，如果股市有变化的话，可能取决两个因素：第一，人民币还能不能这么强？这关系中国的外部因素；第二，2018年的失业会不会出现问题？如果人民币依然坚挺，就业不会出现大问题，我觉得现在的市场情况就不会出现大的变化。

当经济很差的时候，股市是不是会很不好呢？教科书都说，股市是经济的晴雨表，欧美日等发达国家但凡经济好的时候，股市就好；经济不好，股市就不好。中国的情况是不是也这样呢？

我们发现，中国的股市似乎跟经济之间没有什么太大关系。1990年代末是中国经济最差的时候，股票市场反倒非常好；在2001年加入世贸之前，中国经济的增速越来越低，股市却涨了接近300%。此后到2008年金融危机之前，中国经济非常好，世贸红利使中国经济每年维持8%以上的增速，股市却非常差。

中间有过一次非常大的波动，那是股权分置改革带来的。2008年以后，经济又很差，而且越来越差，股市呢？2009年至2015年，代表中国民营企业的中证500指数涨了接近4倍。相比之下，2017年经济增速已经很低，但是国企指数却非常好。

因此，当我们说中国股票市场的时候，一定要清楚，我们到底说的是哪一个市场？哪一个指数？中国的股市究竟跟经济有没有关系？我在这句话中加两个字："股市是中国民营经济的晴雨表"。

当经济非常差，国有企业无法拉动经济、解决就业的时候，政府主要鼓励民营企业发展，代表民营企业的股市就会表现好；当国有企业能够解决问题，民营企业没有太大作用的时候，代表国企的指数就会变得很好。

2017 年就是最典型的例子。2017 年的供给侧改革，就是把代表“落后产能”的民营小公司关掉，活下来的企业就是好的。

2017 年有一个特别有名的例子。山东的魏桥集团有一个电解铝项目，刚刚被科技部评定为一等奖，过了几天就被环保部作为违规产能关掉。舆论大哗。后来这个电解铝厂总算保住了。也许有人还记得，2003 年有一个非常好的钢铁公司叫铁本，则因为相似的理由被关掉了。

当经济特别好的时候，要去买跟经济紧密相关的国企股；当经济不是特别好、但国企还能撑得住的时候，要去买那些能为经济带来增长的国企股；当经济非常差，不得不依靠民营企业的时候，就要去买民营企业股。

股市上看就是这样：当需要就业和经济增长的时候，会大力发展民营企业；当不太需要的时候，就会用各种办法收归国有。从 2016 年以来，代表国企的上证 50 指数，大幅度跑赢民营企业代表的创业板指数。2017 年的这两个趋势发展得越发明显。

我们还看到，一些民营的保险公司，在 2016 年举牌了格力、万科、招行等。从 2017 年的回报来看，如果真能完全按照举牌者的设想去干了，2017 年他们会挣得盆满钵满。2016 年他们举牌的时候其实就是这些大蓝筹估值最低的时候，可是为什么没有国有的保险公司去举牌呢？

2017 年我们看到的是，表现最好的公司里面有国有的保险公司；把敌人消灭光了，表现怎么会不好？

自中国经济改革开放以来，有两个行业基本上由民营企业主导。一个行业是“打不死的小强”房地产，房地产之所以完全由民营企业主导，是因为没有国有房地产公司玩得好。另一个行业是互联网，因为互联网变化太快，国企效率跟不上。

2017 年 A 股股市的走势反映的就是一个国企高歌猛进的时代。但是如果把 BAT 加在里面去，情况就会发生变化。2017 年中概股表现最好的行业：一是互联网；二是房地产。在香港上市的内资房地产股表现得非常好，在海外上市的互联网表现得非常好，而这两个行业恰恰没有国企。

所以，2017 年的股市整体上，就是在监管引导下的市场回归；回归价值股，回归到龙头股。任何一个行业，只要你是龙头，都会表现好。这是在经济紧缩的背景下，在去产能的背景下，非常典型的市场向龙头回归。最后市场选择出来就是这样，国企占主导的行业你就买国企，这个行业没有国企你就买龙头，基本上就是对的。

（三）投资中国的逻辑

回到投资上，我们跟市场上很多人的视角不太一样。让我们从中国与欧洲的对比说起。

当人们说到欧洲的时候，90%的人想到的是英国、法国、德国，没有人会把乌克兰、俄罗斯，或者是把希腊看做欧洲的代表。中国的版图比欧洲大，人口比欧洲多，各个省之间的差距比欧洲国家之间的差距还要大。当我们说投资中国的时候，是在说“哪个中国”呢？是在说哈尔滨？新疆？还是在说深圳？

如果把欧洲和中国对比，你会发现很有趣的现象。一个波兰农民，可以去德国开出租车，娶德国老婆，在德国买房。但这一切，河南的农民在北京可以实现吗？答案是否定的，他们很可能已经被作为低端人口驱逐出去了。

回到投资上来看，这意味着什么呢？当我把中国仔细跟欧洲做了对比之后，就豁然开朗。我们统计发现，三千家上市公司里面，最好的公司基本上都是在珠三角、长三角、环渤海。

珠三角是中国的金融中心，香港+深圳等于伦敦；你到珠三角，没有人跟你讲八卦、谈政治，大家都埋头挣钱。长三角是中国的制造业中心，上海相当于法兰克福，上海很发达，周边的大城市也非常多，杭州、南京、苏州、无锡等组成的城市群非常好。京津冀则相当于法国，北京就是巴黎；在法国，只有巴黎一个大城市，除巴黎之外都是农村；与之相对应，北京周边有大城市吗？

从这个角度来看，投资中国应该选哪些地方呢？其实是在投资中国的“英法德”三个地方。在上市公司里面，这三个地方占了绝大部分：垄断国企基本上都是在北京；最发达的制造业基本上都在长三角；科技创新的企业基本上都在珠三角。

我们做投资，最终要投资的是优秀企业。而优秀企业基本上都在沿海，更具体一点，是在珠三角、长三角、环渤海这三个地方。

对此，我的一个小结是：中国的户口比欧洲的护照值钱得多。

最后，投资还是要落实到行业和股票上。我的观察是这两年下来就三条主线：

第一条主线是改革。改革是为国企创造投资机会，供给侧的改革，“一带一路”的改革，混合所有制的改革，都是改革国企的问题，为国企创造更好的环境。

1998 年至 2002 年，大家讨论最多的是怎样分拆国企，增加活力：电信分拆，石油分拆，铁路分拆，南北车分拆，所有的都在拆。这一次是国企合并，所有的都在合。拆的时候有无穷多的理由支持，这次合并的时候同样有无穷多的理由支持。

第二条主线是产业升级。华为、华大基因、BAT 等，这些行业我们已经可以在全球具有竞争力。

第三条主线是消费升级。“60 后”和“70 后”，甚至“80 后”，以前过惯了苦日子，工作后的第一件事就是要省钱，要买房，所以在这些人主导的日子里面，地产的价格是暴涨的，大家都要买房。“90 后”和“00 后”，想的不完全是买房，而是个人实现。不同的消费观就导致了不同的消费产品和不同的消费投资标的。

世界是我们的，也是你们的，但归根到底是孙子的。当“00 后”成为消费主体的时候，他们在想什么？我儿子是“00 后”，我们已经有很多问题不一样了。当我跟他谈起工作的时候，他说你的工作太落后了，他想要做他喜欢的东西。

我结婚的时候花三四千元买了一台很先进的电视，但电视台每年也就挣我几百块钱。现在呢？你每年在手机上花多少钱？为手机的内容得花多少钱？《王者荣耀》这一款游戏能挣多少钱？“00 后”的消费，很可能是“60 后”和“70 后”想不通的，而且往后还会有越来越多的事情你看不到、想不到。

“00 后”做爷爷的时候，差不多是 2030 年至 2040 年，一个人出生就已经有八套房，上面有八个老人。在这种形势下，房价还会涨吗？

对此，我的看法是：要想富，多生孩子租房住。2040 年，我们这批人可能都要进养老院，怎么保证你住的养老院不是“红黄蓝”？你的孩子也许可以付得起养老院的钱，但谁能保证养老院的服务质量？由于技术的发达，我们这些人都会活到100岁，却也会活得很凄凉。为了避免活得凄凉，就要多生孩子，只有自己的孩子才靠得住。

美国是怎么解决这个问题的？大量从国外进口人，用国外的移民来解决护理问题。中国这些年靠的是异地劳动力来解决这个问题。30年后，当大家都是一个人有很多个老人需要照顾的时候，有那么多人来照顾吗？以后我们主要依靠的，很可能就是智能机器人。

（资料来源：本文是作者在12月16日“东方红·宏观经济与金融市场沙龙”发言的整理稿，已经作者审定。）

2018年宏观经济形势展望

第七期：（2017. 12. 16）

对于2018年的宏观经济形势的展望，可谓是百家争鸣。第一篇文章是在对2018年经济自然走势进行测算后，分别从供给管理政策、需求管理政策、价格管理政策三方面提出政策建议。第二篇文章从全球经济、中国经济、中国金融、政策预判四个主线进行阐述分析。第三篇从世界经济、供需关系、市场逻辑、财政货币四个方面进行展望、分析。

一、多重压力下的中国经济形势及对策

苏 剑

（北京大学国民经济研究中心主任、教授）

内容提要：本文首先分析了对我国未来经济产生影响的国际经济因素主要包括国际经济和金融危机、全球货币紧缩、美国减税、美国的对华贸易政策、地缘政治不稳以及汇率。其次，我们认为中国 2018 年经济自然走势是供需双萎缩，经济增速会下滑。针对供需双萎缩的自然走势与政府政策目标之间的差距，我们分别从供给管理政策、需求管理政策以及价格管理政策三个方面提出了相关政策建议。此外，需注意防范可能的红犀牛事件包括金融去杠杆和国有企业去杠杆、调控房价、汇率政策等。

要展望 2018 年的经济形势，首先需要考虑国际经济形势，其次从供给和需求两个方面看一下影响它们的因素都有哪些，根据这些分析一下经济的自然走势，再次再来分析一下政府政策目标，最后再看一下政策目标和自然走势之间的差距，宏观经济政策就是用来填补这个差距的，政策建议就是这样提出来的，这就是我们的分析思路。

（一）国际经济形势

目前大家对发达国家还是比较看好的，IMF 已经给出了预测，增长率 2018 年比 2017 年高 0.1%~3.7%，对世界经济来说，增长率提高 0.1 个百分点是不得了的，跟中国增长率提高这么多的效果不一样。

我们关心的是中国经济，因此关注的是对中国经济可能产生较大影响的国际因素：

第一个是国际经济和金融危机。虽然目前大家对国际经济形势基本上都看好，但我觉得有一点不太把稳，主要是对美国的股市不太放心。2008 年 9 月美国金融危机爆发，但是实际上美国股市的危机在 2007 年第三季度就开始了，比美国次贷危机的爆发早了整整一年。这一次美国经济危机被看成是次贷危机，其实这次美国经济危机的起点不是次贷危机，而是股市危机，只不过次贷危机一下传导到实体经济了，才被称之为一个经济危机。2009 年第一季度美国股市从谷底开始上涨，一直到现在，美国的股市几乎是连涨了 30 多个季度。而且现在美国道琼斯工业指数已经远远高于 2007 年的高点了。美国的股市连续涨了这么多年了，接下来还有多大的上涨空间？美国的失业率已经 4%左右了，如果能降的话，还能降到哪儿去。俗话说，日中则移，月满则亏。如果美国出现第二次金融危机怎么办？这是一个需要考虑的问题。

第二个是全球货币紧缩，这个大家都在谈，我就不说了。

第三个是美国减税导致的全球减税，这会导致海外对中国的投资减少，美国的海外企业回归，以及中国企业可能迁往美国。

第四个是美国的对华贸易政策。美国、欧洲和日本相继宣布不承认中国的市场经济地位，特朗普上台的时候，有一个目标，就是要减少美国对中国的贸易逆差。可想而知，2018 年美国和中国之间的贸易摩擦会越来越大。

第五个是地缘政治不稳，两个方向：一个是朝鲜，另一个是中东，这都会对中国经济产生影响。

第六个是汇率。这也是影响中国经济的一个非常重要的变量，它的走势，贬的可能性比升的可能性要大一些。2016 年在这个时点上，特朗普一上台，我们开过一次会，讨论的主题就是人民币汇率，当时包括我本人在内，好几个人都认为，人民币 2017 年是升值，而不是贬值。2018 年人民币汇率走势如何？首先，中国经济下行的压力仍然存在。2017 年经济增长率前三个季度到了 6.9%。前两个季度数据出来的时候，有的人认为中国经济已经进入了新周期，后来新周期被证伪。为什么这样呢？我们做过一个测算，如果你把国际经济对中国的出口的拉动剔除在外的话，中国 2017 年的内需其实是比 2016 年要差的，虽说 2017 年比 2016 年的增长率前两个季度高了 0.2 个百分点，如果把出口的因素剔除在外，内需的贡献跟 2016 年相比可能只有 6.4%、6.5%左右。

其次其他因素也影响汇率。全球货币紧缩对人民币汇率会造成一定的压力。全球减税会导致中国的资金外流。中国居民海外资产配置的需求增强，以及出口增速可能下滑，这些都会对人民币汇率造成影响。

（二）中国经济的自然走势

我这里说的中国经济的自然走势，是说如果没有政策，经济该怎么走？这需要从需求和供给两个方面来分析。需求方面我们预计是萎缩。消费大概不会有大的变化，增速相对来说比较稳定。我们预计2018年投资增速可能会下降，比如说基建投资，地方政府面临去杠杆以及债务的终身追责这样的事情。房地产投资可能也会减少，因为人口峰值眼看着快要到来，房地产调控也越来越严。民间投资的风险仍然很大，增速大幅度上升的可能性不大。

出口方面，2018年面临的压力比较大。第一是2017年基数比较高，可能会影响2018年的增速。2017年之所以出口表现得比较好，原因之一是2016年基数比较差。第二是国际经济形势不确定，第三是美国贸易保护，第四是美国减税，导致制造业回流，美国以前从中国的进口品可能会放在美国自己生产如曹德旺，他把玻璃厂建到了美国，以前他要把玻璃出口到美国去的，接下来这部分出口就没了。所以从需求一边来看，中国经济2018年总体来说应该是萎缩的。

供给一边看可能也是萎缩。环保方面的政策2018年可能会继续，2017年进行的环保督查可能会通过对PPI的影响传导到2018年，导致2018年企业的生产成本上升。美国减税，制造业回流美国，以及中国企业走出去，这对中国来说也是供给在萎缩。还有去产能、去杠杆，这些都是在升高企业的生产成本。劳动力成本也是在上升。油价，由于中东局势不确定性增强，2018年也可能会涨，但是目前这个还无法给出一个确定的说法。汇率方面，贬值的压力仍然在，如果人民币最终真的贬值，对中国的供给会产生萎缩的增加，为什么呢？因为如果人民币贬值的话，中国进口原料的成本就会上升，虽然有利于出口，但是不利于进口，对供给也会有抑制作用。

总体判断，就是中国2018年面临的经济的自然走势是需求、供给双萎缩，这意味着经济增速会下滑，不管是需求萎缩还是供给萎缩，都抑制经济增速。但是对于价格来说，需求萎缩是压低价格的，供给萎缩是抬高价格的，所以总体来说，价格2018年怎么变，自然走势还不确定，主要看供给萎缩和需求萎缩哪个的影响更大。

我们可以根据这些对中国经济 2018 年的自然走势大致做一估计。我们预计 2018 年的自然经济增速会比 2017 年差，大概会在 6.0%，甚至更低；CPI 增速可能会在 2.5%左右。因此 2018 年可能会出现一定程度的滞胀．滞胀其实就是成本推动的通货膨胀，如果供给萎缩的话，自然就是滞胀。但是 2018 年不一定能表现出来通胀，原因就在于需求也是萎缩的，这是抑制物价的，所以供给萎缩和需求萎缩一个是抬高物价的，一个是压低物价的，二者一抵消，物价反而可能变动不大。所以虽然可能有滞胀的基因存在，但是并不一定真的会在经济中表现出来。

（三）2018 年的宏观经济政策

首先得弄清楚 2018 年政府宏观调控的目标是什么。我们预计 2018 年增速的目标是大于等于 6.5%，CPI 上涨率的目标小于或等于 3.0%，就业目标是新增就业 1000 万人。这是我们对 2018 年经济增长目标的判断。

如前所述，如果没有政策的话，在自然走势下，增长率会是 6.0%左右。政策要干什么呢？政策就要把实际增速从 6.0%提到 6.5%以上，这就是政策要做的事情。至于通货膨胀率目标，我们认为在经济的自然走势下，怎么走好像全年的 CPI 上涨率都应该都不至于到 3.0%以上，但是个别月可能高于 3.0%。总体来讲，2018 年的通货膨胀率应该不至于超过 3.0%。就业对中国来说，这已经都不是问题，只要能保证增速在 6.5%以上，新增就业一千万人一点问题也没有。所以，2018 年宏观调控的核心，其实最终就落实这样的增速目标。

怎么办呢？我们首先给出一个我们的宏观调控理论体系，这个宏观调控理论体系是本人刚刚发表的一篇文章里面提出来的。现在正统的宏观调控体系里面只有需求管理这一种工具，但是问题是现在宏观经济学已经发展到了总供求模型，如果你仅仅还只有总需求管理的话，实际上意味着宏观调控体系的理论基础还是六七十年之前的那个宏观经济理论，没有体现宏观经济学理论本身的最新进展。所以，我们就根据这样一个总供求模型提出一个新的宏观调控理论体系，这里面除了需求管理之外，还有供给管理。

其次一个政策是价格政策。这个听起来有点奇怪，因为很多人认为，如果管理价格的话，就是计划经济。实际上不是这么回事，为什么呢？因为在一个市场经济里面，目前宏观经济学之所以存在，有一个前提假设就是价格刚性。价格刚性是什么意思呢？就是价格死在那儿不动了。西方也存在这样的价格刚性，这样的价格刚性本身的存在，就是宏观经济学存在的前提，如果没有它，宏观经济学就没了。现在西方宏观经济学的宏观调控里面只有需求管理，但是前提假设是有价格刚性，在存在价格刚性的情况下，要想增加产出，就只有增加总需求。但是，实际上按照西方经济学的原理，解决问题最简单的办法就是把价格刚性消除掉，如果价格本身能够灵活调整，自动调到瓦尔拉斯均衡，一切万事大吉。现在西方经济学的需求管理也罢，供给管理也罢，其实都是治标不治本的政策。治本的政策是什么呢？就是消除价格刚性，让价格本身自动能够均衡供求。

这就是我提出来的价格政策，而这个价格政策的功能就是消除价格刚性，实现价格灵活性，恢复市场的功能。

我的政策建议，当然就是这么三块。首先总体组合是需求、供给双扩张，因为我们面临的自然走势是需求、供给双萎缩，所以政策应该逆风而动，实行需求、供给双扩张，同时价格改革，提高价格灵活性，恢复市场功能。需求扩张的组合是财政扩张、货币中性，在货币政策维持中性的大框架下，可有结构性宽松或紧缩，而财政政策包括给企业和个人减税、促进制造业投资、增加转移支付扩大消费。

供给管理政策包括很多政策工具，如制度变革，我们的改革开放中的改革，其实就是供给管理政策的一种，因为改革本身是提高劳动者和管理者的积极性，促进供给的。还有就是减税，减税相当于降低企业的生产成本。再者是降低交易成本和行政成本，比如说我们国家的简政放权。还可以设法提高劳动力的配置效率，比如说提高劳动力的流动性。还有加快技术进步、加快产业升级、对外开放等。对外开放的目的是什么呢？引进海外优质的、廉价的资源，这也相当于降低企业的生产成本。

价格管理政策的目标是恢复市场的功能。提高政策利率弹性，就是实现利率市场化，促进金融资源的正确配置。扩大汇率波动的幅度，就是在汇率形成机制里面，让市场发挥的作用更大一些。但除此之外价格政策还有别的功能，如可以利用价格功能去产能，也就是价格本身就有去产能的功能。去产能的时候，不一定非要靠行政手段，随着价格的降低，自然有一部分低端产能会消失掉。

通过这些政策，我们认为搞一个合理的组合，就可以实现 0.5 个百分点的增速提升，使经济增速提高到 6.5%以上。

（四）中国经济的风险点

最后，我说一下 2018 年中国宏观经济的风险点。刚才我提到了红犀牛，红犀牛是我本人提出来的概念，什么意思呢？跟灰犀牛相对，红犀牛是指由政府搞出来的那种灰犀牛事件，因为政府是红色的，所以叫红犀牛。2018 年中国经济中可能会出现许多红犀牛。首先是去杠杆包括金融去杠杆和国有企业去杠杆，这两个杠杆去不好，可能会引发金融危机或者是国有企业出现债务危机。其次是调控房价。最近调控的力度非常大，北京的房价跟 2017 年三四月相比，下降了 15%左右。如果老百姓形成房价下跌的预期，房价的崩溃可能就近在眼前了，这是典型的“红犀牛”事件，是政府搞出来的。最后是汇率政策，刚才说了，2018 年可能需要人民币贬值，但是人民币贬值可以有各种方法，如果政府的贬值路径或者是方法、节奏不对头，可能也会引发“红犀牛”事件。2015 年的“8·11”就是一个典型的案例。还有环保风暴，这也可能造成一个红犀牛的事件。

（资料来源：本文是作者在 12 月 16 日“东方红·宏观经济与金融市场沙龙”发言的整理稿，已经作者审定。）

二、把握新时代中国经济的“动”与“静”

周景彤
（中国银行国际金融研究所宏观研究主管）

内容提要：本文分别从全球经济、中国经济、中国金融和政策预判四个方面对新时代中国经济的“动”与“静”进行探讨。全球经济方面，2017 年全球经济出现难得的同步复苏局面，2018 年或将延续这一复苏势头，但需注意全球失衡和宽松货币正常化等风险。中国经济方面，传统动能和新动能共同发力，支撑 2017 年经济总体企稳向好。2018 年，新动能仍表现强劲，但传统动能在未来一段时间或将减弱。因此，我们初步预判 2018 年经济将有小幅回落，全年 GDP 增长 6.7%左右。金融方面，2017 年货币政策和监管政策总体上收紧，流动性趋紧，资金价格上升。预计 2018 年货币信贷不松不紧，融资结构将更趋均衡。宏观政策或将不会出现较大变化，财政政策着力点或将放在解决经济社会发展不平衡和不充分问题上，货币政策等金融政策总体上趋严。

周景彤：首先非常感谢苏老师为本论坛的发展和壮大做出的贡献和努力，当然也要感谢任总这边对论坛的大力支持。

听了前面几位发言人的发言，很受启发。今天我想和大家分享 2018 年中国宏观经济金融的发展趋势，接下来苏老师和杜主任还要讲这个问题，这里我先抛砖引玉。我分享的题目是《把握新时代中国经济的“动”与“静”》，所谓“动”就是变，所谓“静”就是不变，2018 年中国经济金融到底会发生哪些变化，哪些方面变化不大，这些到底对个人、市场主体和政策都有什么影响。

首先看看第一张片子，题目是《伴随着“崩溃论”，中国迈进了“新时代”》。大家都知道，新时代是“十九大”做出的一个重大政治论断。也就是说，通过近 40 年的快速发展，中国解决了温饱问题，解决了富起来的问题，正是因为有这些重大成就和改变，所以“十九大”提出了中国社会进入了新时代。与此紧密相连的另一个重大变化，就是“十九大”提出我国社会的主要矛盾发生了转变。过去，中国社会的主要矛盾是什么，大家耳熟能详，即人民日益增长的物质文化需要同落后的生产之间的矛盾；现在，党的“十九大”特别提出，我国社会的主要矛盾已经转变为人们日益增长的对美好生活的需要同发展的不平衡、不充分之间的矛盾。这一转变不仅对做经济金融研究、个人资产摆布等至关重要，而且对我们认识未来五年、十年甚至是三十年中国的政治、经济、军事、外交等各个方面都至关重要。中国经济发展到今天，与昨天相比水平已经很高了，但也还存在很多问题。这些问题可归结为两点：一是发展不均衡；二是发展不充分。

下面，主要分享四个方面的内容：一是全球经济；二是中国经济；三是中国金融；四是政策预判。

关于全球经济，我的基本判断是，2017 年全球经济出现了金融危机以来难得的同步复苏的势头。因为在过去的将近十年，即从 2008 年开始一直到现在，全球经济总体上在波折中前进，艰难、曲折、复杂，非常地不平衡，风水轮流转。比如，2013 年之前，发展中经济体尤其是新兴经济体发展比较好，金砖国家闪闪发亮。与此相反，日、欧等国家深陷衰退的边缘。但 2013 年之后，尤其是这两三年，金砖国家黯然失色，尤其以南非、巴西、俄罗斯这些能源、原材料等大宗商品为主的国家，反倒一些发达经济体，如欧洲和日本，由过去的衰退或处于衰退的边缘，开始好转。但在 2017 年，无论是发达经济体还是发展中经济体，经济均有所好转。所以说，全球经济出现了金融危机以来难得的同步复苏的势头。

展望 2018 年，我们判断，全球经济还会延续复苏势头。但存在几个不确定性：第一，全球的失衡依然存在。第二，全球主要经济体货币政策将由过去超宽松的货币政策，向正常化转变，这对未来全球的货币供应、市场流动性、国际资本流动以及全球经济都会产生影响。第三，地缘政治问题比如说朝核问题、耶路撒冷问题、难民问题等，也会给全球经济带来不确定性。所以说 2018 年全球经济大概率事件是延续复苏势头，但是风险还在。

关于中国经济，首先需要理解，本轮中国经济企稳回升的内在逻辑是什么？经济在企稳回升的原因是什么？2017 年全年中国 GDP 增长大概在 6.8%左右，和我们年初预期一致。GDP 增长 6.8%意味着什么呢？第一，经济企稳回升，比 2017 年高 0.1 个百分点；第二，尽管只高 0.1 个百分点，但意义重大，因为过去五六年，中国经济的增速是逐年放缓的。

过去几年，随着经济下行压力不断增大，宏观政策也做了一些调整。在这些政策的作用下，基础设施投资加快增长，房地产投资从 2016 年中开始加速一致延续到 2017 年七八月。从需求角度来说，因为房地产和基础设施投资的加快，能源、原材料等产能过剩行业的需求在特定时间内出现绝对增加；从供给端来看，由于去产能的原因，能源、原材料行业的供给出现了相对减少。需求的绝对增加和供给的相对减少，导致从 2016 年七八月开始，能源、原材料的价格扭转了过去 54 个月长的负增长，转负为正，且出现较快的增长。能源、原材料价格上涨，又导致什么结果呢？就是能源、原材料行业的生产经营情况来了一个大反转，由原来的经营困难、举步维艰、不断向下，转变到如日中天，盈利大幅改善。什么意思呢？这些行业过去都是亏损的，甚至有些行业都是全行业亏损，而自 2016 年底至 2017 年以来，许多能源原材料行业，尤其以煤炭和钢材为代表，这些行业的经营大幅改善，全行业利润增长高达 20%，有些省份工业企业利润增速达 7 倍。传统动能由过去的向下调头向上，不断增强，再加上新动力过去若干年一直比较强劲，所以新旧引擎共同推动了中国经济的企稳回升。即我这里给的“双引擎推动下的经济起稳回升”，即传统的动能和新的动能共同发力，支撑了 2017 年经济总体上企稳向好。传统动能由过去几年的向下转为向上，这是理解本轮经济回升的关键，也是判断未来中国经济走向的一把钥匙。从此意义上来说，中国经济并不存在所谓的新周期。

问题在于，这种态势能否持续？回答这个问题的关键不在于新的动能会不会减弱，我相信新动能未来增长还会比较强劲，关键要回答传统的动能能不能持续。我认为，传统动能在未来一段时间将会减弱，原因有很多。

2017 年，中国经济具体表现为“三进”“两稳”。“三进”就是增长在加快，结构在转变，效益在改善。这些变化都有很详细的数据支持。这里特别强调一下，结构在改善，中国经济增速看似风平浪静，实际上是波涛汹涌，转变很快。比如说沿海地区明显在好转，比如说新兴行业增长得很快，利润都特别不错。中国经济规模如此之大，分布如此之广，不能仅从某一个点，或者是某一个地区，尤其是某一个小的行业来判断中国经济到底是好还是不好，一定要有全局的观念，从整体上去认识它、把握它。所谓“两稳”，就业稳和物价稳。

对 2018 年，初步预判经济将有小幅回落，全年 GDP 增长 6.7%左右。影响 2018 年中国经济的有利因素：第一，十九大报告写得非常好，把中国未来五年、十年，甚至是三十年发展的蓝图基本上都划定了。这有助于稳定全社会包括国际社会对中国发展的信心。第二，创新经济将继续加快发展。第三，在政策扶持力度增大、消费非物质化加快的作用下，服务业还将继续加快增长。

风险因素方面，第一，房地产。预计一、二线城市的房地产调控政策不会发生大的变化，甚至还会趋紧包括房地产税可能会进一步推进。值得特别关注的是三、四线城市，三、四线城市的房地产调控过去是去库存，但自 2017 年以来，一方面，库存已经去得差不多了；另一方面，价格也出现了比较快的增长，三、四线城市的房地产调控政策可能面临调整。第二，传统动能减弱。传统动能未来一段时间上涨的空间有限，需求边际减少。第三，金融政策易紧难松。要去杠杆，要防范金融风险，所以金融政策总体上将易紧难松。第四是环保风暴。自 2017 年八九月以来，全国刮起环保风暴，对有些省份的影响特别大。总体来说，2018 年经济景气或有所回落，全年增长 6.7%左右。

金融方面，搞清楚了 2017 年的逻辑，2018 年经济运行的逻辑就容易理解。一是 2017 年经济在好转，所以货币政策和监管政策总体上是收紧的，所以我们看到流动性是趋紧的，资金的价格也是上升的。2018 年货币信贷不松不紧，融资结构将更趋均衡。二是流动性维持紧平衡，资金价格易升难降。三是债市融资功能有所恢复，但难以走出低迷行情。

2018 年金融领域有四大不确定性：第一个是资金的约束；第二个是政策的超调。如何理解？因为从现在来看，金融风险在明显缓解，股、汇、债、楼市的波动性在明显减小，金融风险跨市场、跨行业、跨境的传递也在好转，非金融企业的杠杆率开始下降，无论是传说中的灰犀牛还是是黑天鹅都没有出现。在这种情况下，一般逻辑上，政策应该是稳中趋松才对。但货币政策、宏观审慎政策、监管政策，很可能三管齐下，使金融政策收得过紧。第三个是环保风暴。第四是外部冲击包括货币政策的转向、特朗普减税，以及朝核问题、中东北非、欧洲大选等等。

关于政策预判，由于经济比较稳定，各方面表现也还可以，所以宏观政策基本取向将不会发生大的变化。财政政策，可能会将着力点放在解决经济社会发展的不平衡和不充分问题上，货币政策等金融政策总体上是比较严的。支持区域协调发展战略，着力加快短板地区的发展。加强资金监管，防控资金流入房地产。

今天就分享这些，谢谢大家！

（资料来源：本文是作者在 12 月 16 日“东方红 · 宏观经济与金融市场沙龙”发言的整理稿，已经作者审定。）

三、看平 2018 年经济增长的四点理由

杜飞轮

（国家发改委经济研究所形势分析与预测室 主任）

内容提要：世界经济正在从“新平庸”走向“大缓和”，国内供需动态平衡，投资、消费、出口趋向均衡增长，传统产业和新兴产业趋向协调发展，车市、楼市、股市、债市和汇市五大市场总体将保持不温不火的运行态势，积极的财政政策和稳健的货币政策更加注重改革和提效。大国经济的韧性辅之以较好的外部发展环境与温和的通胀水平，有利于中国经济平稳运行。2018 年我国经济稳中向好、砥砺前行仍是主旋律，GDP 增长将继续保持在合理区间内。

杜飞轮：刚才听了景彤老师和苏老师的报告，我感觉我们的观点有很多相同之处，也有一些小的区别，正好在他们发言的基础上做一个理解性的总结发言。

目前国内外相关研究机构及学者对中国经济形势的看法分歧很大。悲观者认为，除了“黑天鹅”“灰犀牛”之外，还有“明斯基时刻”，更有人认为世界经济逢八必出大事，如 1998 年东南亚金融危机、2008 年国际金融危机。乐观认为，经济新周期已经到来，下一步增长会继续上行。而我，看平 2018 年经济增长。稍微和大家解释一下今天我发言这个题目，看平 2018 年经济增长，这主要是讲 GDP 增速，实质上对整个经济运行仍然是看好的。

首先，总结一下今年经济运行的特点。2017 年“四个共同”即供给侧结构性改革和宏观调控政策共同显效，全球经济共同复苏，新旧动能共同发力，市场环境和社会预期共同改善，推动我国经济增速小幅回升与结构改善、动能优化与质量效益提升齐头并进。刚才景彤老师和苏老师都讲过了，我就不做过多的陈述。总之，这一轮经济企稳回暖是一个全球和国内因素共同推动的，是微观活力和宏观动力的全面改善的过程。宏观向好，地区经济在分化中逐步优化，我们到企业调研的时候，企业会告诉我们，

目前企业利润明显回升，最困难的时期似乎已经过去，反映市场预期的改善。

在这种大势下，2018年经济会呈现何种走势呢？我认为经济运行仍会保持稳中向好态势，2018年GDP增速或将与2017年持平。

第一个理由，世界经济从“新平庸”正在走向“大缓和”。“新平庸”讲了很多年了，是与我们的新常态相对应的，新常态转向高质量发展，现在全球经济大缓和，就是一个相对稳定的状态。大家可以看看这两张图，发达经济体的收敛，我们看趋势，这个图反映日本也开始好转了，欧洲也好了，美国还超预期发达经济体的增长都在向2.5%左右的水平去靠拢。从新兴市场经济体来看，贸易回暖、市场投资环境改善、大宗商品价格相对稳定等有利因素可望继续保持，新兴市场和发展中经济体向4.0%～4.5%的增长区间收敛。国际金融危机后的“双速”增长情况已经发生了变化。如果再过几个月，美国经济就创造了一个奇迹，他是历史上增长时间最长的一个周期。刚才大家也看到了那幅图表，美国这一轮经济增速起来以后，虽然增速较前期是低一个百分点左右，原来是3%左右，现在回到2%左右，但是他的时间比原来都长了。一种趋势一旦形成，我们觉得他不会在短期内立马就发生很大的变化，因为现在全球的创新也好，全球的风险也罢，都是零零星星的，结构化的，分散性的。创新大家都看到了，比如说只有像苹果手机这样的零零散散的创新，没有集中式的大创新引领，像上一轮信息技术革命推动增长那样大的创新。风险，大家可以看到，基本都是点发式的、个案式的，不存在大的系统性的风险再次演绎。所以从这个角度来讲，这种局面很难破，往上突破也很难，上行下行的空间都很有限。外部环境好了，就像刚才说的一样，我们国家2015年的6.9%，2016年的6.7%，这种形成过程当中都有一个亮点，2015年是靠金融市场、资本市场，2016年主要是房地产带动，2017年是出口，东方不亮西方亮，总有一个亮点在这里，刚才苏老师算了一下，我们也算了一下，大概是0.4个百分点的贡献，2017年增长6.8%的话，意味着出口对经济增长的贡献由前两年是负拉动，变成2017年正向的0.4个百分点左右的拉动。在这种情况下，我们觉得外部环境的进一步改善有利于我国经济的平稳运行。

第二个理由，从供需来看，动态平衡，其实质供给和需求都在均衡发展。供给方面，工业和服务业的增长速度更趋于一致，稍微有 1 个百分点到 1.5 个百分点的差异，但是趋同性在提高。工业传统动能恢复性增长过程中新动能或新产业的加速度在往下走一点。什么意思？比如有的产业在去年增长 50%，2017 年 40%，依然是一个高增长，但是加速度没有那么快了。从这个维度来讲，新旧动能也好，工业、服务业也好，更趋向于协调，这个协调的增长区间，就是 7%~8%。需求方面，三大需求均衡增长。传统的 20%几的投资增长，20%几的出口增长都在向消费增速收敛。这个收敛在 8%~10%。消费基本上是平稳的，投资这一轮到这个时候，已经差不多，再下行的空间已经不是特别大了。出口，2018 年比 2017 年的 10%往下收一点，可能是 9%左右。三者的增长速度比较均衡了，我们的“三驾马车”共同带动，不完全是是消费、投资和出口靠任何一个需求单独推动的，而是一个共同的作用。

第三个理由，从市场来看，总体上不凉不火，楼市、车市、股市、债市、汇市呈现五种不同的运行运行状态，但运行总体趋于平稳。车市产销回归稳定增长格局，楼市“刚需”和改善性需求支撑较好，股市已现“慢牛”迹象，债市延续波澜不惊，人民币汇率双向浮动基础较为稳固。这一轮五大市场在经过 2015 年的股灾，2016 年的债灾之后，这两个市场会变得更加理性，首先从股市来看，我们觉得慢牛已经基本显出了迹象，虽然短期来说，有那么一点点下行压力，但不影响大趋势，结构性行情不断演绎中“慢牛”的初态已经形成了。债市经历这一系列的波折后，明年的债市是有波动的，但是不必太担心焦虑。一些风险也会得到控制。很多专家预测，汽车行业会在十年内增长到 4000 万辆，但是十年的过程中维持年度自然增长，基本稳定增长的状态，井喷式的发展已经没有了，已经走到尽头了。楼市刚需和改善性需求支撑依然较旺，这个是从这个角度来说的，虽然有一定的风险，短期从货币市场和从调控手段来看，面临一系列的下行压力，但是我们觉得由于有刚需的支撑，房地产对经济最大的贡献不是房地产市场的价格，而是房地产的投资。所以只要这个能支撑得住，房地产价格相对回落一点，也不要紧，整个市场能稳得住。汇市的双向浮动基础依然比较牢固，这个我不多讲了，刚才苏老师已经讲得比较多了。此外，还可以看看价格环境，新涨价的因素有一些，但是不会出现总体的价格明显上扬，所以这个良好的市场环境附之以温和的价格环境，对经济增长相对是比较有利的。

第四个理由，积极的财政政策和稳健的货币政策取向不会变，且更加注重改革和提效。货币政策紧缩是大趋势，但我国货币政策不会完全跟着美国的节奏走，也不一定完全不跟着其他国家的节奏走。而会根据我们的实际情况，因势而动，给予市场主动调适的空间。数量型的工具和价格型的工具配合使用，比如说美国前两天加息以后，央行跟着动了一下，央行动的这个是什么呢？不是基准利率，而是中短期借贷便利利率，在这个动作之前，是定向降准，这种政策搭配可能产生意想不到的效果。这种货币政策又紧又松，松紧又适度的方式好像以前没这么采取过，类似乎定向降准又定向加息，我们看到了市场反映还是比较好的，解决流动性不活的问题，而不仅仅解决流动性不足的问题。从财政政策来看，优化财政支出结构和结构性减税仍是政策重点，依然会在补短板、降成本方面做文章。近年来，我国全面推开营改增试点累计减税已超万亿元，农业、交通运输、水利、环保和公共设施等短板领域投资得到明显加强。这里我就不具体说了。

现代化经济体系开启建设，这都是长期的事，短期，能与这个结合起来的是什么呢？我思考了很久，也没思考得很好，但是短期既能围绕它做几件大事，又能解决中长期发展不平衡、不充分的矛盾的话，就是提效，包括提高实体经济的效益，提高金融服务实体经济的效能，提高投资和消费的边际效率。因为大家可以看到，我们现在很多企业的成本上升问题依然严重，融资难、融资贵问题一直没有得到有效解决。比如说我们看到投资效率持续下行，原来要用 1.2 元的固定资产投资能创造 1 块钱的 GDP，但是现在 1.2 元不行了，可能要 1.5 元的固定资产投资才能创造 1 块钱的 GDP，现在固定资产投资已经占到了 GDP 的 80%，如果再这么投下去，固定资产投资规模都快赶上 GDP 的总量了。在这种情况下，必须把钱花到点子上，用同样的投资创造更多的单位 GDP，从这个角度来讲。我们认为政策的方向不会出现大的方向性的变化，会做一些微调，比如说稳健的货币政策，可以更趋稳健中性或稳健灵活；积极的财政政策，更多的是积极的结构性财政政策。

在“十九大”定了发展的大方向之后，我国的经济会朝预期目标方向走。但短期仍会有一些问题和风险需要我们重视和关注。目前国内冲击性的风险比较小，但还是有一些扰动性的因素在干扰经济的平稳运行。这是两个不同的，扰动性的和冲击性的因素从这个角度来讲，短期的扰动性因素，他可能会使季度的 GDP 有小幅、微幅的波动，但是这个都不要紧，他不影响总体的大趋势。所以，我们要保持定力，还要有信心，以更好的心态来展望 2018 年的经济。所以我们觉得，在宏观上也好，结构优化上，质量增长、效益方面，我们都会保持稳中有进的态势。

鉴于时间的关系，我就谈这几点粗浅的认识，谢谢大家！

（资料来源：本文是作者在 12 月 16 日“东方红·宏观经济与金融市场沙龙”发言的整理稿，已经作者审定）